有機
化學
陳大為　林君薇　馮優　蘇傑　著
五南圖書出版公司 印行

推薦序

建國中學　林宸緯

高中學業成績校排 1%

111 學測自然科 15 級滿分，高分錄取台大醫學系

同學們暱稱大爲老師是太陽神，完全是最貼切的比喻。老師教得好，如同朝陽晨光一般，讓學生對自然科燃起希望；老師對每個學生的用心及熱誠，則像斜陽落霞，絢爛美麗而不失溫暖，讓人動容。謝謝老師對我的照顧與教導，也感謝上天讓我遇見大爲老師。這段師生之情，永記於心！我推薦這一本書，希望你也會喜歡！

推薦序

北一女中　張倖慈

8 年級時大爲老師就給我良好的理化底子。老師在上課時的幽默讓氣氛變得活潑有趣，成爲我最期待的補習課。也時常鼓勵同學，使讀書更有衝勁，跟著陳大爲老師的腳步，必會讓你對理化更有自信。我推薦這一本書，相信一定對你有幫助。

推薦序

建國中學　張博智

學習理化的一開始就有大爲老師的引導，我面對每一次考試得心應手！ 大爲老師的鼓勵及幽默風趣也是課堂中的一大調適，只要上課專心、積極回答老師的問題（很重要！）、回家複習，沒有像太陽神一樣發光發熱也難！有機化學是化學課程中很重要的一門，一定要好好研讀。

自　序　有「機」，眞的有「機」

在化學領域中，「有機化學」的複雜度，遠高於其他化學領域。在國中課程裡，「有機化學」只占國中理化18個章節中的1章，而在高中化學領域，也只是在選修課程中12章節中的1章，討論的內容實屬皮毛，但我知道，這並非是課程編排刻意潦草，而是有機領域，實在是太廣大太博大精深了。

「有機」的意思，最早指的是與「活著的生命」有關。我們了解，生命的形成與運行實在是神妙至極，所以，所有與生命製造的物質以及所進行的化學變化，絕對不是三言兩語可以帶過的事。以「光合作用」爲例：在國小，只有一個中文方程式帶過；而在國中，就分爲「光反應」與「碳反應」；在高中，反應式大概要寫完整面黑板；而在大學的植物相關科系，恐怕要一次期中考範圍的分量才能講得透徹。當然其他生命現象相關的物質與反應，比起光合作用的複雜度恐有過之而無不及，每個種類的有機化合物或是有機反應，都足夠讓博士班研究生寫完一篇論文了。

事實上，在台灣的自然科教材，是一直到國中8年級下學期的理化課程中，才正式介紹有機化學，可惜一開始只是說明最初始的生命體定義，卻沒有說明現今的確認定義，所以讓學生無法了解到底什麼是有機化合物：不是說含「碳」元素的化合物就是有機化合物嗎？爲何如一氧化碳（CO）、二氧化碳（CO_2）、還有碳酸鹽類（含 CO_3^{2-} 者）都不算是有機化合物呢？現今化學界對有機化合物較受肯定的定義爲：「碳氫化合物及衍生物」，即使國中理化課程已經以此定義做課程編排，但許多非化學本科學歷的教師，並不懂課程編排的眞諦而沒有詳加說明，眞是非常可惜。有機，實在是眞的很「有機」啊！

本書是「行動化學館」系列之一，在其他「行動化學館」的內容中，都曾或多或少提到有機化學，包括在《物質的基本組成》所提到的有機化合物，以及在《化學反應》所提到的有機反應等，畢竟在所有的化學領域，或多或少都與有機化學相關，要完全撇清實屬困難。本書除了把前面提到的內容做了統整，並再深入探討較專業的有機領域，並以國、高中常見的考試題目做例題，依此做深入淺出的補充說明，期許對此課程內容有興趣的讀者，除了對有機內容有基本的認識之外，還能打開他想再更深入研究的味蕾。

陳大為

民國111年春於新北市三重區太陽教學總部

作者介紹

陳大為老師，學生暱稱化學太陽神

縱橫補教界35年，每年教導上千位國、高中學生，為目前全國最受肯定的理化補教名師，上課風格節奏明快、幽默詼諧、課程重點針針見血，抓題精準，最擅長將課程重點彙整列表圖示，並以日常生活實例融入理化課程中，深受學生好評。曾同時為中國時報《97國中基測完全攻略密笈》乙書、〈國三第八節〉專欄理化科作者。著有《你也可以是理化達人》、《圖解國中理化》、《國中理化一點都不難》、《大學學測必考的化學22題型》、「行動化學館」系列、《國中理化TOP講義》、《超可愛科學》系列、《國高中理化太陽講義》進度與總複習系列等。現為太陽教育集團、台北文城、儒林、台中曙光等各大補習班理化名師，並任太陽教育集團總召集人。

作者介紹

林君薇老師

目前在國立彰化師範大學化學系有機化學合成實驗室從事專題研究，並於蔡博士文教事業有限公司服務。

林老師從高中時期就因師承優秀的化學啟蒙老師，因此對化學產生了極大的興趣與深刻的體認以及心得想法，尤其是有機化學的部分，希望現在正在閱讀並且使用此書的讀者們，都能夠更加了解有機化學這個世界的奧妙之處！

作者介紹

馮優博士

我希望我能成為學生們的肩膀，讓他們看得比別人遠！

結合時事，落實「生活即是化學」的宗旨，小優老師會讓大家不需要死背，與生活做連結進而深植你心，並統整內容，同步整理相關資料給同學，不論課內或課外，以翻轉教學的方式讓學生自主學習、合作學習以及學會批判思考，讓學生主動地去了解、探索問題及深入思考，才能眞正地讓學習深化。而自主學習態度也是一切創新研究的根本，讓你我都是老師，開發你眞正的能力。

化學沒有性別～誰說男生理科比較好？不論男孩兒女孩兒，都可以帥氣優雅地撥撥頭髮，輕鬆快樂地隨著小優老師的節奏進入化學的奇幻旅程。

作者介紹

蘇傑老師

太陽教學團隊，國中理化、高中化學專任教師。

12年國教，國高中一貫的學習，對於擅長國中理化、高中化學的蘇傑老師，給學生們的是一個「生活理化、觀念化學」的一種信念，幫同學們穩紮穩打，將國、高中的自然科內容以輕鬆的傳達模式、豐富的課程內容呈現給各位同學們，讓你成爲學業上的大贏家。

著有《圖解國中基測理化》、《大學學測必考的22個化學題型》、《中學生化學高分的關鍵秘笈》，並校編「超可愛元素週期表」等。

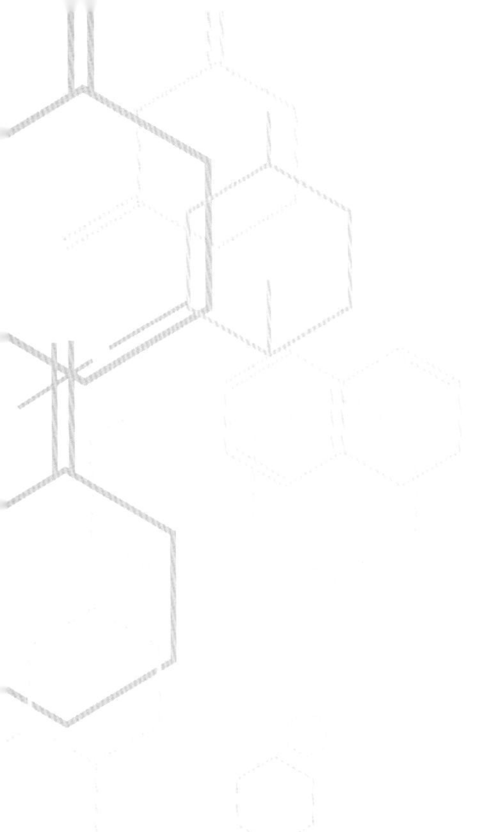

目　錄

第一章 什麼是有機化學

本章導讀

什麼是有機化學？

有機和無機的差別？

只要含碳就是有機化合物？

分子間的作用力是什麼？

有機化合物看起來一樣結構就一樣嗎？

有機一點都不機車，幾個想法讓你從此進入有機的世界

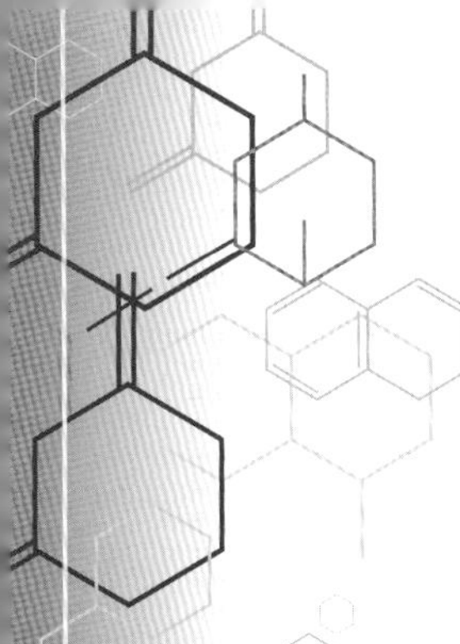

學習概念圖

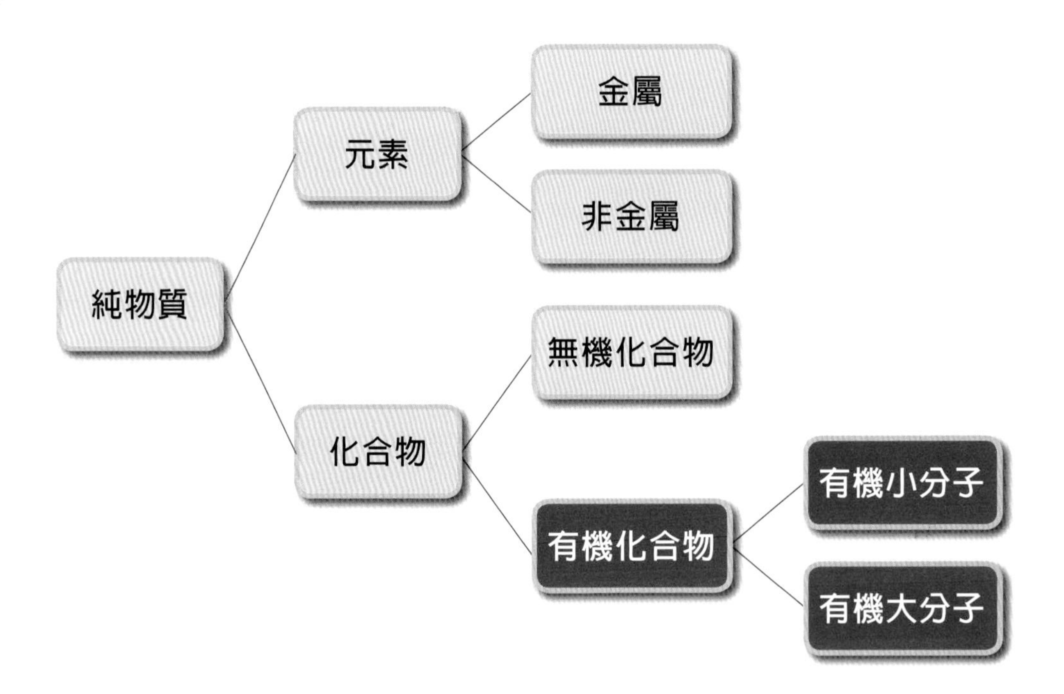

夏日的風感覺好悶熱，除了樹上的蟬很努力地鳴叫，所有地面上的生物都被豔陽曬得懶懶的。

崇愷一個人在學校樹蔭下乘涼，手裡拿著手機，正在攻克手遊「神魔」第103關，就在這個緊要關頭……

「哇！」同學薇薇忽然自崇愷的身旁大叫一聲，這個玩笑舉動，讓崇愷整個人跳了起來，才一恍神，手機螢幕立刻出現「GAME OVER」……「你幹嘛啦，我快要破關了說……」看得出來，崇愷相當不開心。

「我們人類是地球上最具智慧的有機體耶，這麼美好的一天，你不去做一些有意義的事，只會打電動啊！」薇薇不客氣地回酸。

崇愷關了遊戲，站起來伸了伸懶腰，「誰說我不認真生活，」他拿著手機指向薇薇，「我從一大早就在忙著打報告，一直忙到現在才休息一下。」說完還轉動身體拉筋兩次，「哪像不知道是哪個『有機體』，只會無聊嚇人。」

「嗨，兩位『有機體』午安啊！」

「啊！大為老師午安！」崇愷與薇薇異口同聲，原來，是大為老師路過，聽見兩位同學在「鬥嘴鼓」（抬槓的意思），於是走近與他們打招呼。

「你們東一句『有機體』，西一言『有機體』的，到底什麼是『有機』、又為什麼叫做『有機』，兩位了解嗎？」天氣真的很熱，大為老師高高的額頭，滲出滿是油光的汗珠。

「我是知道『有機』的意思啦，但是，為何叫『有機』我就不大清楚了。」薇薇回答，看著大為老師發亮的額頭，想起他「太陽神」的外號。

「我剛好要去教室上『有機化學』課，兩位有沒有興趣一起來旁

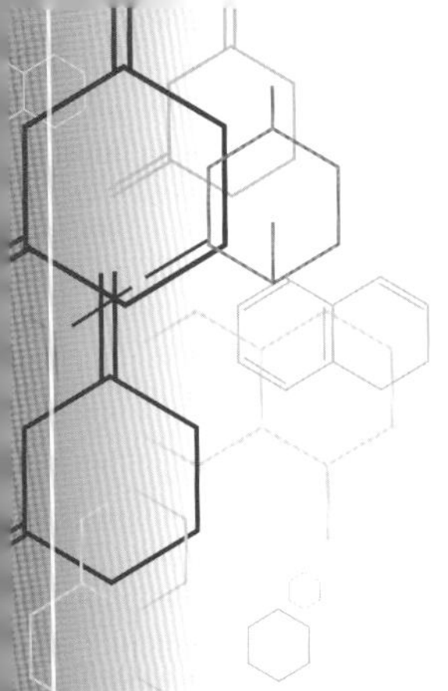

聽？」

「可以嗎？太棒了！」崇愷與薇薇興奮地跳了起來！大爲老師上課風趣又幽默，有這個機會怎能不把握！

「那我們走吧。」

「Let's go！」

1 淺談有機化學（organic chemistry）

早在之前人們對於有機物是從動植物等有機體中萃取出的物質，因此就取名爲「有機物」，一直流傳下去。而有機這名詞可追溯至十九世紀的，當時生機論學者認爲有機化合物只從生物體中獲得，因此與無機物就有明顯的分別，但是在1828年被德國的化學家烏勒（Friedrich Wohler）推翻，他首次使用無機的氰酸銨和成了新的有機物——尿素[$CO(NH_2)_2$]。可是這個突破性的大發現並未立刻在當時受到認可，因爲氰酸銨並未能用無機物製備出來，所以在分類上還有待商榷。

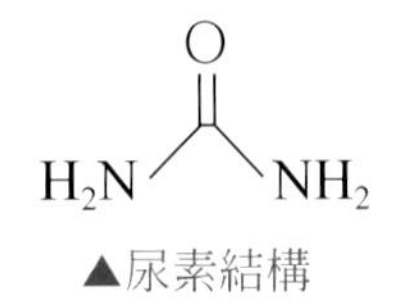

▲尿素結構

約20年後陸續有化學家合成出有機物質，在1844年，柯爾伯（H. Kolbe）合成醋酸（CH_3COOH）及1854年柏賽蘿（M. Berthelot）合成了油脂，才開始將有機化學帶入合成的世界，從此，有機物才大量的被合成出來。到目前爲止，人類已經的有機物已將近一億種，數量早遠遠超過無機物。

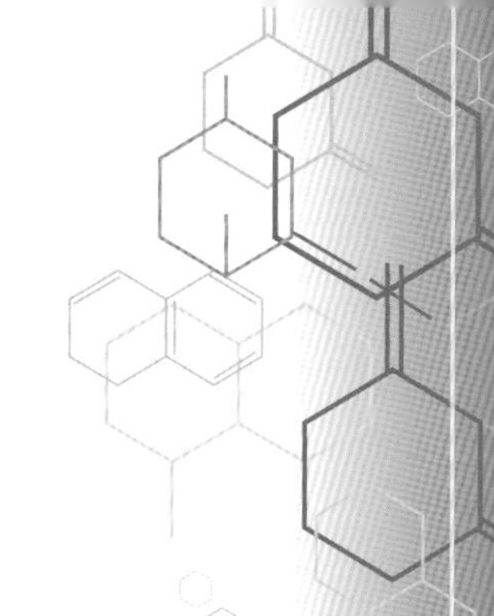

範例 1-1

老師依據物質的性質，將書寫在黑板上的物質分爲甲、乙二類，如圖所示。關於甲、乙二類物質的敘述，下列何者正確？

(A) 甲類可溶於水，乙類難溶於水

(B) 甲類爲非電解質，乙類爲電解質

(C) 甲類爲中性物質，乙類爲鹼性物質

(D) 甲類爲有機化合物，乙類爲無機化合物。

【100年度第1次基測】

解析

答案為 A。

甲類物質為有機化合物，可溶於水；乙類物質不含碳，故為無機化合物

溶於水：乙醇、乙酸（皆為有機物）、氫氧化鈣、硫酸銅（無機有機物）

電解質：乙酸、氫氧化鈣、硫酸銅（可解離）

非電解質：乙醇、蔗糖（不可解離）

酸鹼性：乙酸為酸性，氫氧化鈣為鹼性，蔗糖、乙醇、硫酸銅為中性

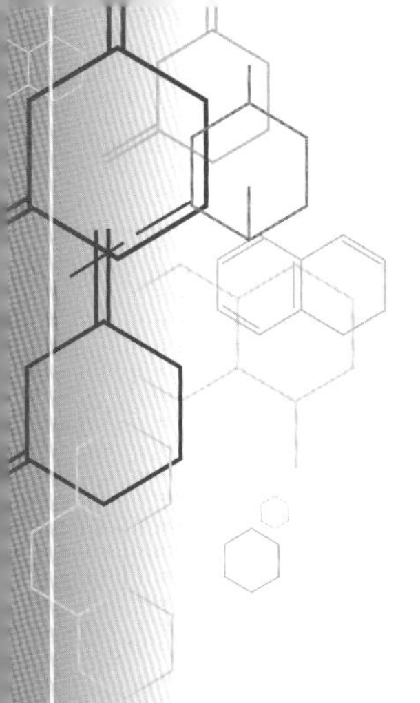

範例 1-2

小華取食鹽、小蘇打、方糖三種白色的物質，觀察其固體在滴入數滴濃硫酸後的反應，並另將此三種物質配製成水溶液後，觀察其導電性與加入酚酞指示劑後的變化。附表爲小華的實驗紀錄，依據此表判斷甲、乙、丙分別爲何種物質？

實驗＼物質	滴入濃硫酸	水溶液的導電件	水溶液加入酚酞
甲	變黑色	不可導電	呈無色
乙	不變色	可導電	呈無色
丙	產生氣泡	可導電	呈粉紅色

(A) 甲爲方糖、乙爲食鹽、丙爲小蘇打

(B) 甲爲方糖、乙爲小蘇打、丙爲食鹽

(C) 甲爲食鹽、乙爲小蘇打、丙爲方糖

(D) 甲爲小蘇打、乙爲方糖、丙爲食鹽。　【97年度第2次基測】

解析

答案為 A。

此題測驗的是生活常見化合物的性質。

滴入濃硫酸時：甲變黑色，故為醣類；丙產生氣泡。

故選小蘇打（$NaHCO_3$）

（方程式為：$2NaHCO_{3(s)} \rightarrow Na_2CO_{3(s)} + CO_{2(g)} + H_2O$）。

2 同分異構物（isomer）

19世紀時，科學界的主流思想認爲：必須要其組成的元素不同，其化合物的性質才會不同。當時維勒（Friedrich Wöhler）在製備氫氰酸（cyanic acid（註1））時發現，氫氰酸的組成元素與李比希（Justus von Liebig）製備的雷酸（fulminic acid（註2））完全相同，但是兩者的化學性質截然不同。隨著越來越多的發現，科學家猜測，化學性質的差異可能來自於各個元素相互結合的方式不同，伯齊流斯（Jöns Jakob Berzelius）提出「同分異構物」來解釋這個現象。

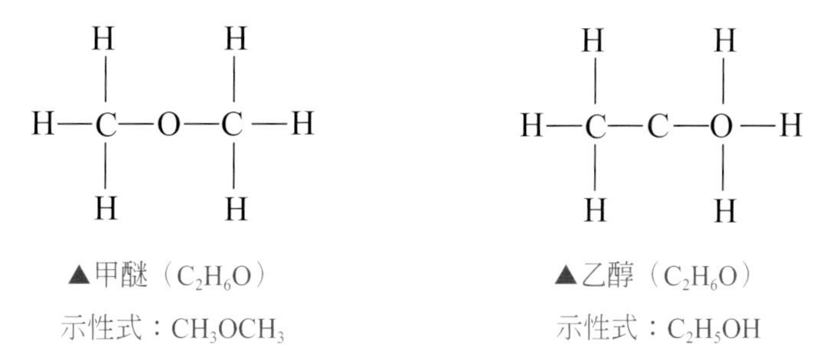

▲甲醚（C_2H_6O）
示性式：CH_3OCH_3

▲乙醇（C_2H_6O）
示性式：C_2H_5OH

具有相同分子式的化合物，可用示性式表示化合物特殊的官能基其化學性質也不相同

（註1）氫氰酸（cyanic acid）：分子式HCN，又稱氰化氫，標準狀態下爲氣體，或爲極易揮發的淡藍色液體。味苦、有杏仁味，劇毒且致命。有些人具有特殊基因可以嗅出其獨特氣味。

（註2）雷酸（fulminic acid）：雷酸及其生成的鹽類（如雷酸汞等）經常被用來當做雷管引燃其他炸藥，爲一典型的起爆劑。蒸氣也具有劇毒。

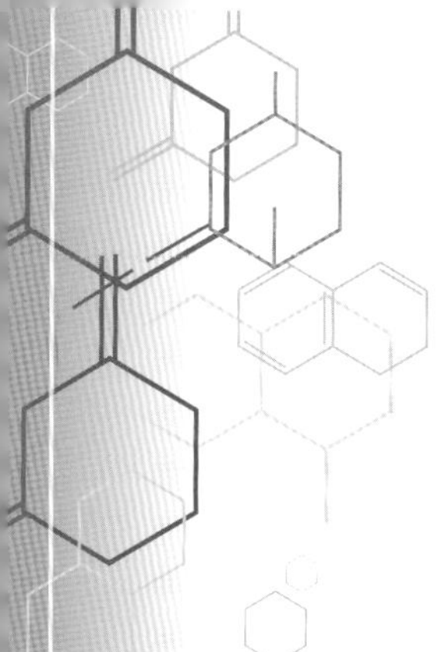

同分異構物是指，化合物具有相同的分子式，但其結構式不同。根據原子在空間位置的不同，可以分爲結構異構物及立體異構物。

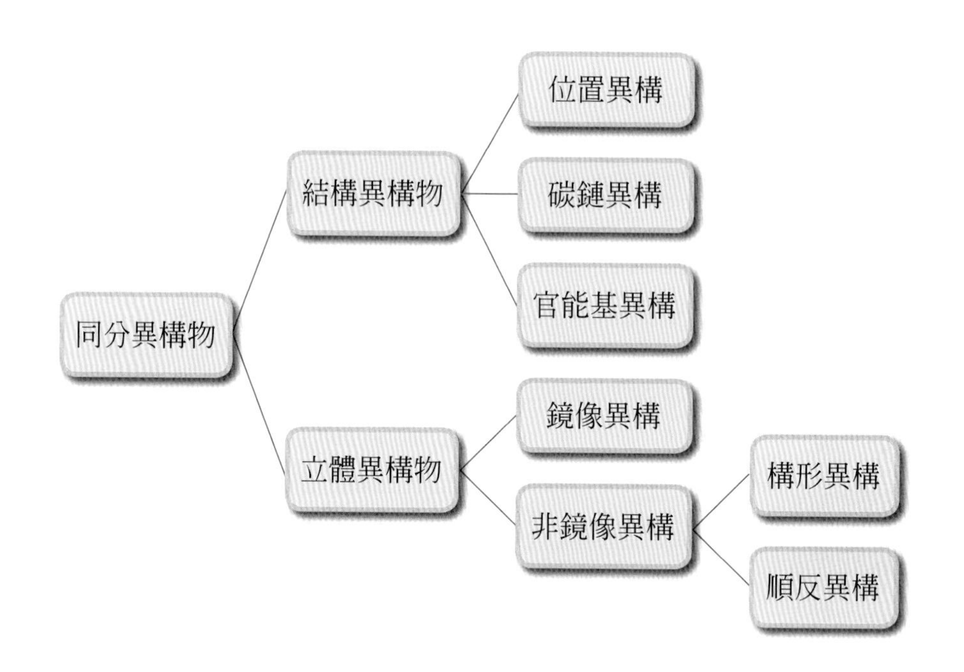

有時爲了方便，有機化合物的結構式常以「線角式（line-angle formula）」來簡化。除了碳氫鍵以外，畫出結構式中所有化學鍵的骨架：碳碳單鍵爲「－」，多個碳碳單鍵連接時，畫爲折線。雙鍵與參鍵則依序用「＝」、「≡」表示，化學鍵骨架加上官能基即爲線角式。

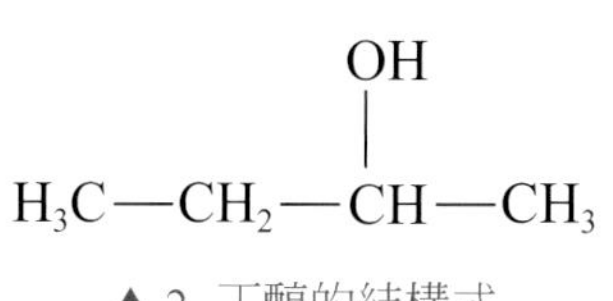

▲ 2- 丁醇的結構式

OH

▲ 2- 丁醇的線角式

一、結構異構物

依照原子或官能基之間的化學鍵結不同，可分爲：

1. 位置異構：官能基在主鏈的位置不同。
2. 碳鏈異構：分子式相同，但主鏈上的碳數與支鏈數不同。

結構式	C—C—C—C—C	C—C—C—C（第二個C接一個C支鏈）	C—C—C（中央C上下各接一個C）
俗名	正戊烷	異戊烷	新戊烷
系統命名	戊烷	2- 甲基丁烷	2，2- 二甲基丙烷

同樣都是由5個C原子所組成，但主鏈的長度與所接支鏈長度、位置、數目均不同，例如正戊烷、異戊烷及新戊烷，三者互爲碳鏈異構。

3. 官能基異構：分子式相同但是官能基不同，丙醇的分子式爲C_3H_8O（示性式爲C_3H_7OH），其同分異構物結構如下圖所示：1-丙醇（I，又稱正丙醇）、2-丙醇（II，又稱異丙醇）。

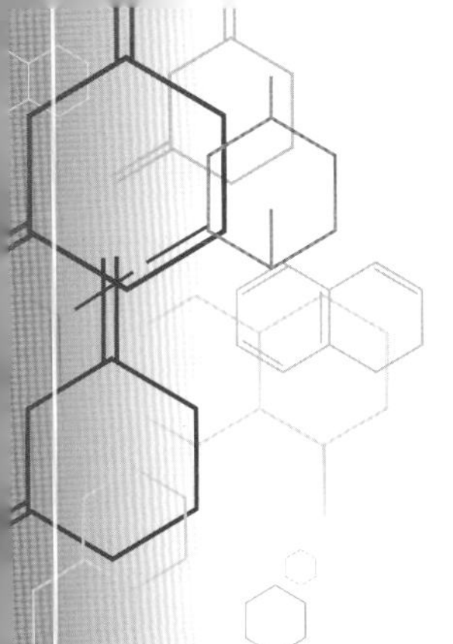

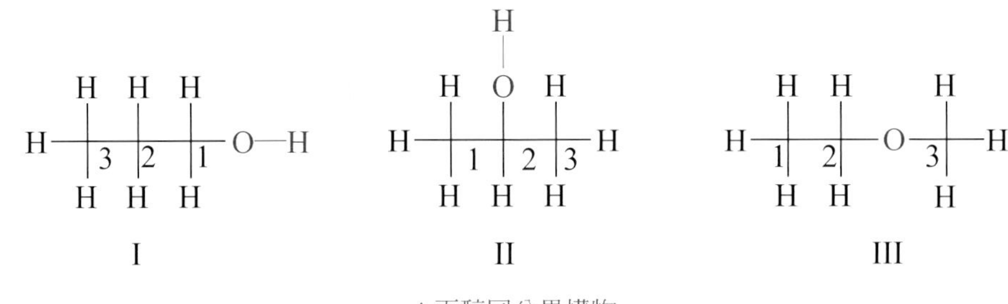

▲丙醇同分異構物

結構 I、II 的不同點在於 O 所接的碳編號不同，分子 I 的O接在1號碳上，而分子 II 的O則是接在中間碳上；另外C_3H_8O還有另一個分子性質完全不同的異構物：甲基乙基醚（III）。從結構式可以看出，分子 III 的O並不是與碳、氫連接，而是接在兩個碳上，因此造成分子 III 缺乏OH基，因此分子 III 其化學性質與醚類較相似。

因此，分子 I 與 II 互為位置異構物，而分子 I、III 或是分子 II、III 則為官能基異構物。

二、立體異構物

化合物的分子與化學鍵結種類及數目都相同，但是在空間中的排列並不相同。可區分成鏡像異構與非鏡像異構。

1. 鏡像異構：異構物的結構像在照鏡子一樣，原子組成及化學鍵結全都一模一樣，且分子結構並不互相對稱。但是不論如何旋轉兩者都無法重疊，低下頭看看我們的兩隻手，是不是看起來構造一樣，但是當雙手重疊卻並不完全相同呢？因此鏡像異構又被稱作掌（手）性異構。

CH$_3$

H—|—Cl　　鏡　　Cl—|—H

Br—|—H　　子　　H—|—Br

CH$_3$　　　　CH$_3$

▲鏡像異構物為互為鏡像、旋轉 180° 無法完全重疊的兩個立體異構物

鏡像異構物因為其結構並不對稱，通常會具有可以使平行偏極光偏轉的「旋光性」。化合物因為有不同的旋光性，其化學性質就會因此有天壤地遠的差別。在日常生活周遭的化合物當中，可以不難發現這種獨特性的存在，例如：葡萄糖、維生素C等。天然存在的葡萄糖都是右旋糖，此化合物會使極化光順時鐘旋轉，通常以+或是D表示。人工合成時有可能會出現左旋-葡萄糖，但是人體只能夠將右旋-葡萄糖消化吸收並轉成能量。維生素C也通常以左旋結構出現，右旋維生素C人體會直接排出體外。

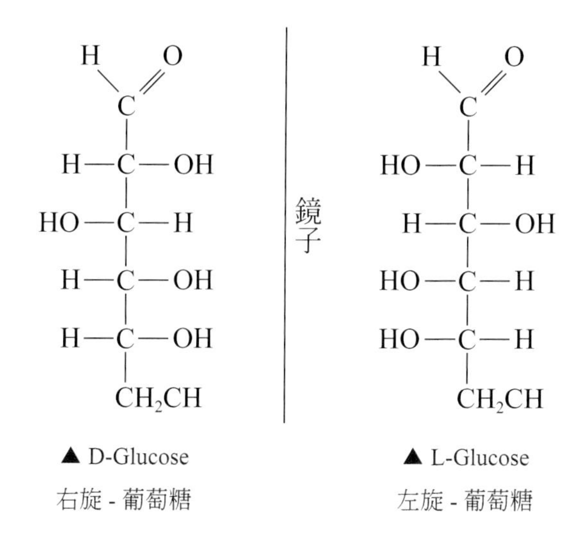

▲ D-Glucose
右旋 - 葡萄糖

▲ L-Glucose
左旋 - 葡萄糖

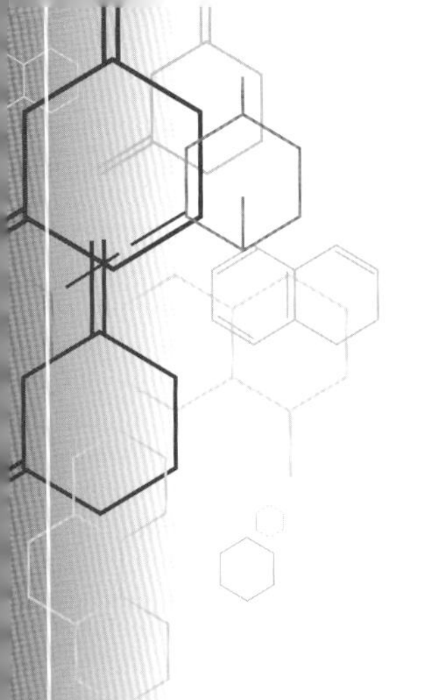

鏡子

▲ L-Ascorbic Acid　　▲ D-Ascorbic Acid

2. 非鏡像異構： 除了鏡像異構之外的其他異構都屬於非鏡像異構物。分子具有完全相同的原子與化學鍵，但是在空間中的排列不同（但是不為鏡像），其中最重要的該屬順反異構（又稱幾何異構）。

▲反 - 丁烯二酸　　▲順 - 丁烯二酸

兩個分子具有完全相同的原子與化學鍵，但是在空間中的排列不同；最常見的例子有烯類中的碳碳雙鍵以及環烷類的碳碳單鍵等。因為碳碳雙鍵無法旋轉，使得構形有所差異。由上圖可以分別順反異構的不同：反式分子的-CH_3分別位在碳鏈的不同側，順式分子則是位在同側。順反異構物會因為結構不同，有不同的物理性質。順式異構物的沸點較反式異構物高，而反式異構物的熔點則較順式異構物高。

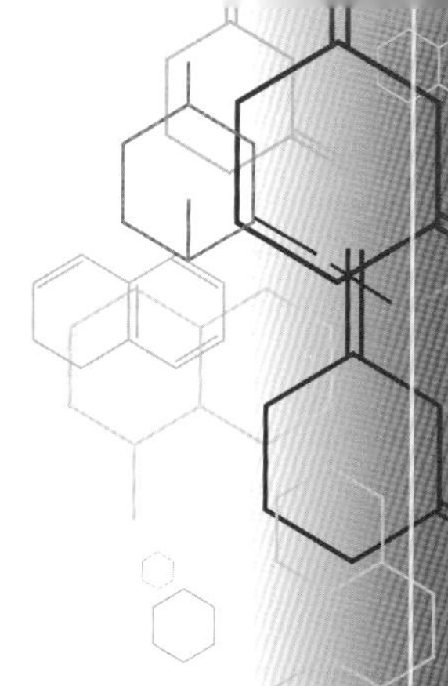

範例 1-3

同分異構物之分子間，具有哪些相同的性質？

(A)化學性質　(B)物理性質　(C)質量百分率組成　(D)分子式

(E)實驗式。

答案：(C)(D)(E)

同分異構物的化性、物性及結構式不相同。

範例 1-4

請畫出丙烷、順-2-丁烯、乙酸、環丁烷、苯的線角式。

答案

丙烷、順-2-丁烯、乙酸 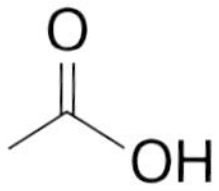 O OH、環丁烷、

苯  →  或

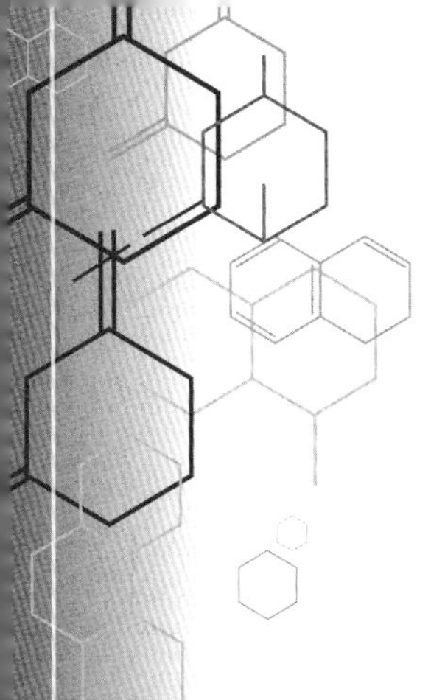

3 有機物分子間作用力

有別於碳原子間鍵結成的共價鍵，而有機分子間也有作用力存在，分類上依據產生的形式劃分成「凡得瓦力（van der Waals force）」、「氫鍵（hydrogen bonding）」。而這些作用力對有機分子有巨觀的影響，如同熔點、沸點、溶解度等，都有相當大的影響。

一、凡得瓦力（van der Waal force）

此種作用力是偶極-偶極力、偶極-誘發偶極力及分散力的統稱，主要都是依據分子的電荷分布的位置來覺得是哪一種類別。

1. 偶極-偶極力

   極性分子間因本身電荷分配不均，形成帶有部分正電荷與部分負電荷，而當此兩分子相互接近時就有引力生成，此種引力就稱爲偶極-偶極力。

2. 偶極-誘發偶極力

   當極性分子靠近非極性分子時，會使非極性分子電荷感應後造成分布不均勻而產生極化現象，形成了誘發偶極。

3. 分散力[註3]

   當兩個非極性分子相互靠近時，因電子運動造成電荷瞬間分布不均，使得原有對稱的電子雲產生偶極，影響另一非極性分子形成分散力。

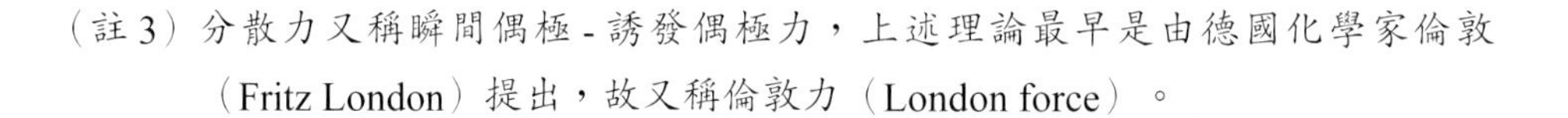

（註3）分散力又稱瞬間偶極-誘發偶極力，上述理論最早是由德國化學家倫敦（Fritz London）提出，故又稱倫敦力（London force）。

凡得瓦力對物質性質的影響，可分成沸點、黏度、熔點來討論。

1. 沸點

   (1) 有機分子大小：分子越大，分子量越大，分子內電子數越多，外層電子離核較遠，因有遮蔽效應，故分散力越大。

   例如：甲烷（-183℃）< 乙烷（-89℃）< 丙烷（-42℃）< 正丁烷（-0.5℃）

   (2) 分子形狀：若分子量相同，分子形狀越成球型，分子的接觸面機會越小，分散力就越小。

   例如：正戊烷（36℃）> 異戊烷（28℃）> 新戊烷（9.5℃）

2. 熔點

   有機分子結構越對稱，結晶時越易排列規則。

   例如：正戊烷（-160℃） < 異戊烷（-130℃）< 新戊烷（-7℃）

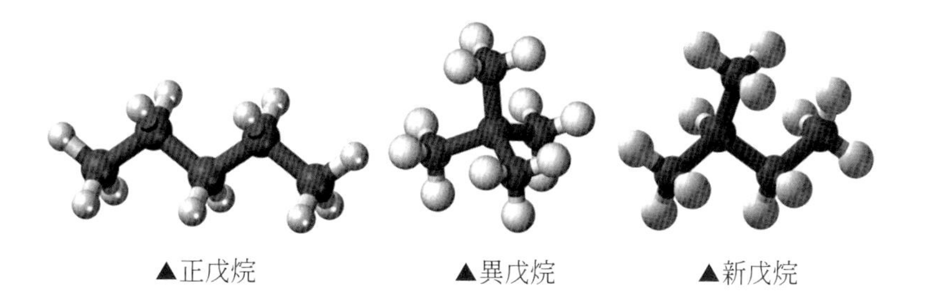

▲正戊烷　　▲異戊烷　　▲新戊烷

3. 黏度

   有機分子量越大，分子間接觸面積越大，黏度就越大。

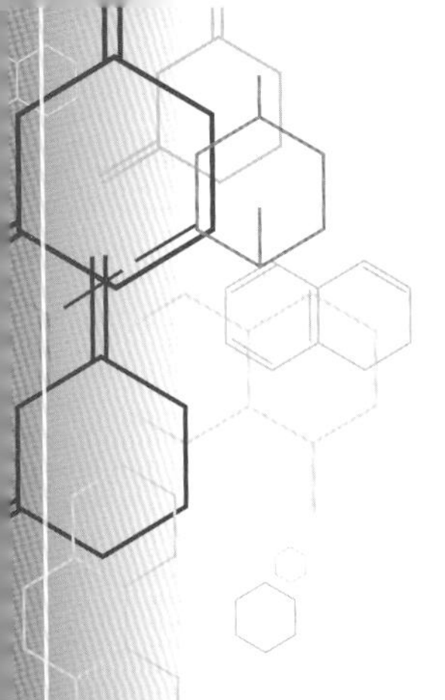

同系物	分子量	分散力	黏度
正戊烷（C_5H_{12}）	小	小	小
15 烷（$C_{15}H_{32}$）	中	中	中
18 烷（$C_{18}H_{38}$）	大	大	大

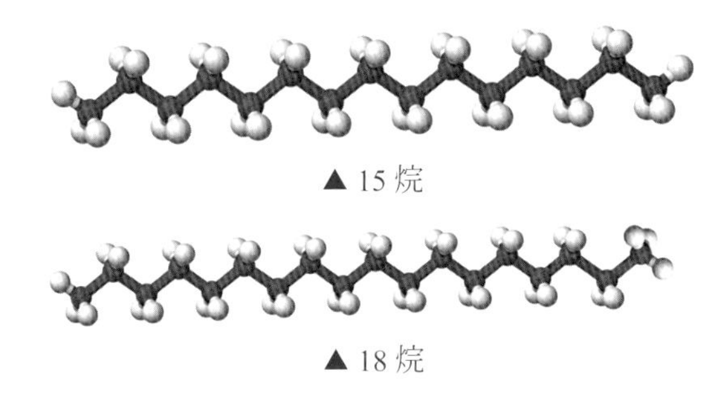

▲ 15 烷

▲ 18 烷

二、氫鍵（hydrongen bonding）

1. 定義

當氫原子與一個電負度[註4]較大的原子形成共價鍵時，因鍵結電子對偏向電負度較大的原子（如F, O, N），使氫原子的一端帶有微弱的正電荷（δ+），所以能與鄰近的一個高電負度的原子（如F, O, N）或離子產生吸引力，形成氫鍵。示意圖如下表示：

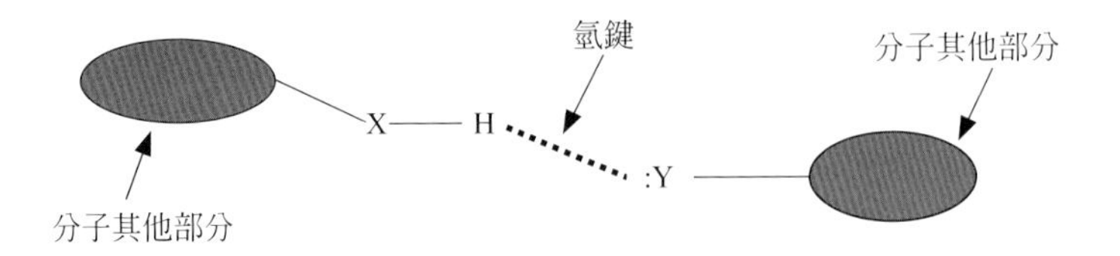

（註 4）電負度（英語：electronegativity，簡寫 EN），也譯作離子性、負電性及陰電性，是綜合考慮了游離能和電子親合能，它以一組數值的相對大小表示元素原子在分子中對成鍵電子的吸引能力，稱爲相對電負度，簡稱爲電負度。元素電負度數值越大，原子在形成化學鍵時對成鍵電子的吸引力越強。

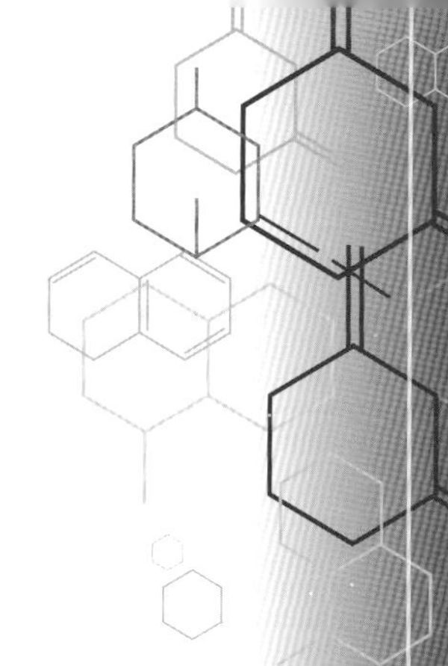

2. 種類

(1) 分子間氫鍵

氫鍵發生於在兩個同種或異種分子之間。如：醋酸分子間

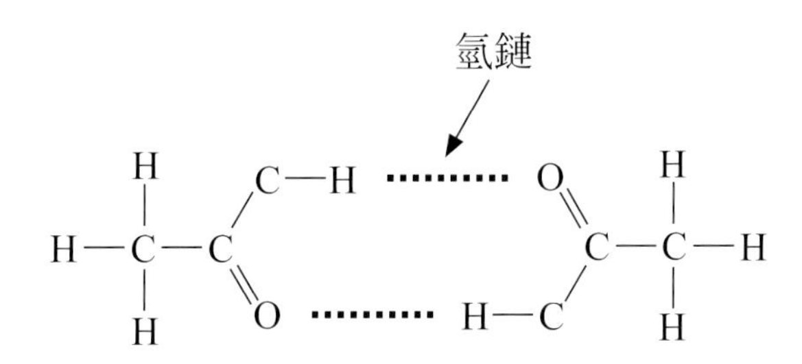

(2) 分子內氫鍵：同一分子內原子間形成的氫鍵

①一般小分子

順-丁烯二酸	鄰苯二酚	柳酸
OH O O= =OH	OH OH	HO O OH

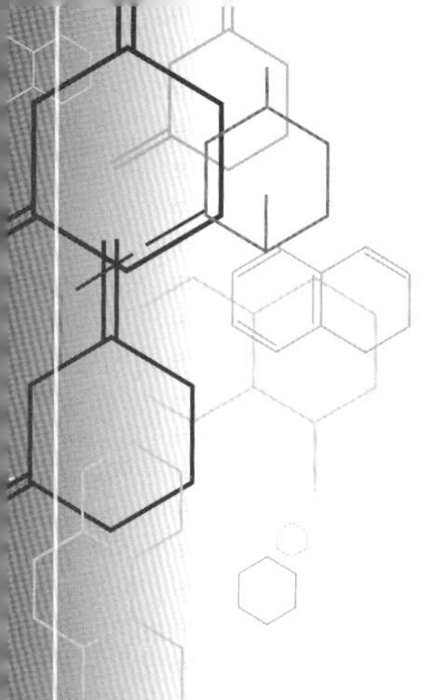

②身體內的聚合物

蛋白質的α單股螺旋和β褶板結構中也含有氫鍵，遺傳信息的DNA雙股螺旋結構亦含有氫鍵存在。

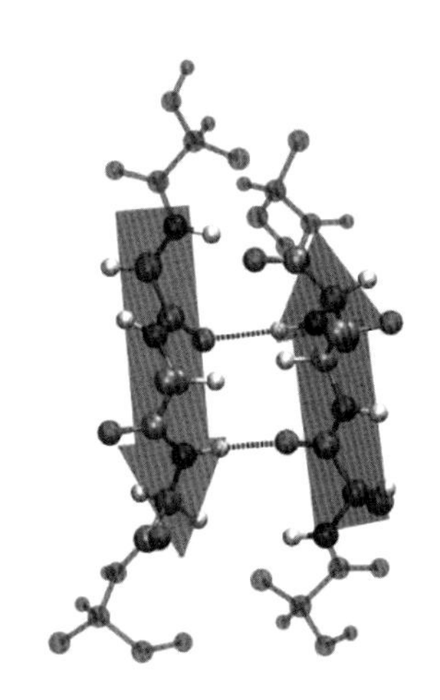

有趣線上影片／魯珀特之淚

範例 1-5

下列哪幾種力會是存在於苯與氯仿之間的作用力？

(A)氫鍵 (B)偶極-偶極力 (C)偶極-誘發偶極力 (D) 分散力 (E)凡得瓦力。

解 析

此題為多選題，答案為CDE

本題要注意題目所提起的有機物是否具極性

苯（C_6H_6）不具極性，而三氯甲烷（$CHCl_3$）俗稱氯仿具有極性

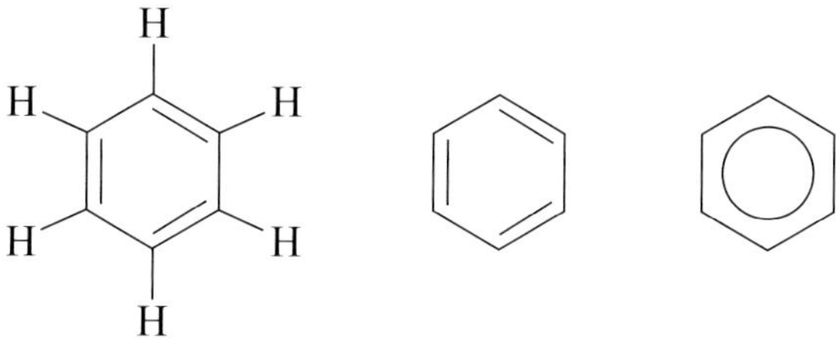

▲苯的結構

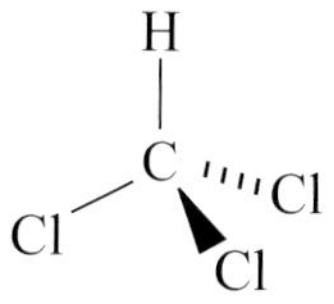

▲三氯甲烷（氯仿）結構

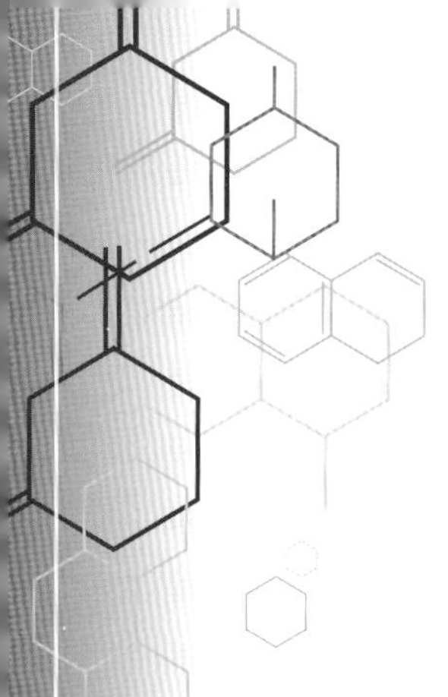

範例 1-6

下列有關分子間作用力的敘述，何者正確？

(A) 偶極-誘發偶極力發生在極性與非極性分子間之作用力

(B) 分散力屬於一種凡得瓦力

(C) 乾冰（CO_2）昇華，爲吸熱反應，過程中涉及到化學鍵的破壞

(D) 1到4的碳的正烷類，以丁烷分散力最大

(E) 一氯甲烷（CH_3Cl）爲極性分子，分子間主要是偶極-偶極力

解析

此題為多選題，答案為 ABDE

(A)(B)(E)

極性與極性分子間為偶極-偶極力

極性與非極性分子間為偶極-誘發偶極力

非極性與非極性分子間為分散力

此三種力合稱為凡得瓦力

(C)

乾冰（CO_2）昇華，為吸熱反應，是三態變化僅改變分子間距離並未破壞化學鍵

(D)

丁烷為非極性分子，分子間接觸面積大，故分散力最大

範例 1-7

氫鍵是生物體內一種重要的化學鍵，去氧核糖核酸的雙螺旋結構就是利用氫鍵來維繫的。下列用點線表示的鍵結（不考慮鍵角），哪些是氫鍵？

(A) H—H···H—H　(B) H—O—H···H—O—H

(C) H—F···H—F　(D) H_3N···F—H

(E) H—O(—H)···H—O—CH_2—CH_3

【95指定化學考科】

解析

答案為 CE

H—F···H—F　分子間氫鍵

H—O(—H)···H—O—CH_2—CH_3　分子間氫鍵

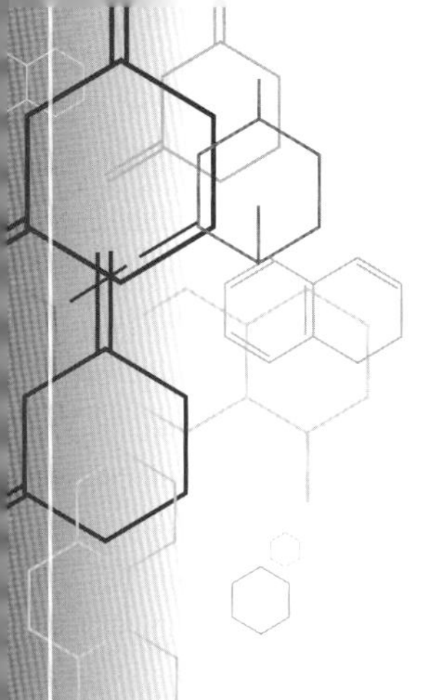

4 有機化合物成分分析

有機化合物是物質產生的物質基礎，目前種類已近一億種之多，但到底有那些是有機化合物，必須從這些物質中找出相同的規則。

因此，如一氧化碳、二氧化碳、碳酸、碳酸鹽類、金屬碳化物、氰化物、硫氫化物等以外，含碳原子的化合物就是有機化合物。自從1828年烏勒人工合成出尿素之後，有機化合物與無機化合物的分界就隨之消失，但是由於歷史的因素，「有機」這個詞依然就續沿用。

國中與高中在學習有機化合物階段，同學學習歷程中有兩句話，必須要跟同學澄清。

- 所有含碳的物質「必為」有機化合物（錯！）
- 有機化合物「必含」碳原子（對！）

有機化合物	無機化合物
醇、醚、酚 醛、酮 有機酸、酯 胺 醯胺	C、CO、CO_2、CO_3^{2-}、CN^-

一、定性定量分析

最常見的元素分析形式，是以「燃燒分析法（Combustion analysis method）」來求得有機物樣品中的成分組成。此項技術是將待測物至於石

英或金屬材質的燃燒管中通入純氧，並放入氧化銅幫助完全的氧化，在高溫的情況下使其完全燃燒成為二氧化碳及水，經氧化銅觸媒反應器使氧化反應更趨於完全，水與二氧化碳經由管線分別被吸收。

氣體的產物會先通過含有過氯酸鎂的U型管中，藉此吸收氣體中的水；再來通過含有氫氧化鈉的U型管中來吸收二氧化碳。測量兩U型管中所增加的重量，即可分析出待測物燃燒產生的水及二氧化碳（註5）。由增加的水與二氧化碳的重量，可分析出待測物的碳與氫的重量。而含氧重則由待測物原重減去碳、氫重而得。最後將C、H、O三者重除以原子量，即得C、H、O三原子數比，而求得待測物的實驗式。若另得分子量，還可求得分子式。化學式求得步驟簡述如下圖：

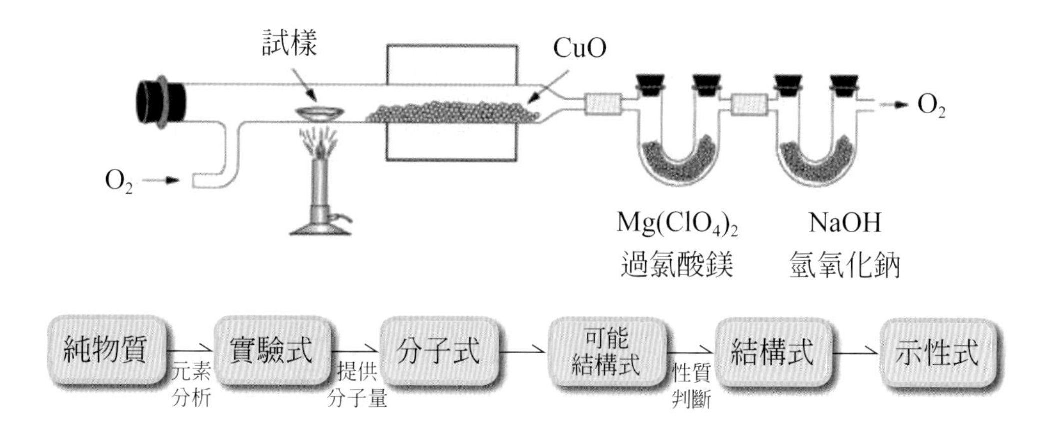

（註5）燃燒分析法兩個偵測器順序不能互換，會影響計算水與二氧化碳增加的重量。

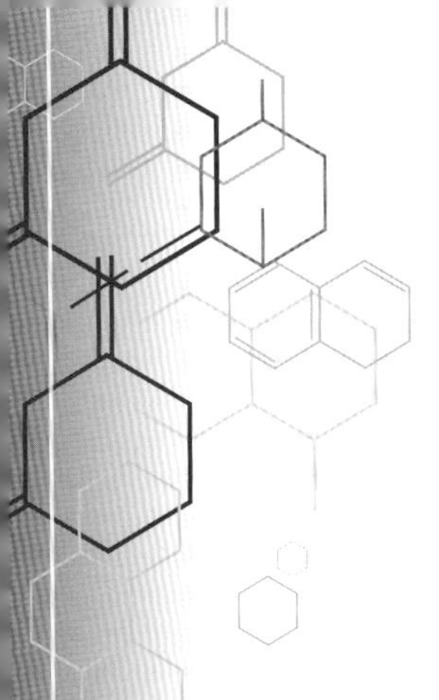

範例 1-8

含有碳、氫、氧的化合物進行元素分析時，須先將分析物完全氧化後，再以不同的吸收管吸收所生成的二氧化碳及水蒸氣。下列有關元素分析實驗的敘述，哪些是正確的？（應選2項）

(A) 可用含水的過氯酸鎂吸收水蒸氣

(B) 可用氫氧化鈉吸收二氧化碳

(C) 化合物的含氧量，可由所生成的水蒸氣及二氧化碳中的含氧量，相加求得

(D) 由元素分析實驗，可直接求得化合物的分子式

(E) 若以無水氯化亞鈷試紙檢驗實驗中所產生的水蒸氣，則試紙呈粉紅色。【97指考】

解析

答案為 BE

此題測驗燃燒分析法的基本概念，前提必須要加待測物完全氧化。

(A) 無水的過氯酸鎂或氯化鈣

(C) 推算含O重 $\Rightarrow W_O = W_{試樣} - W_C - W_H$

(D) 僅求得實驗式。

範例 1-9

某有機化合物6.51毫克完全燃燒後，得20.47毫克的二氧化碳及8.36毫克的水，則此有機化合物最可能是下列何物質？

(A) C_6H_{14} (B) $C_6H_{12}O_6$ (C) $C_4H_{10}O_4$ (D) C_5H_{10}。

解析

答案為 D

C重 $= 20.47 \times \frac{12}{14} = 5.58$ mg

H重 $= 8.36 \times \frac{2}{18} = 0.93$ mg

$5.58 + 0.93 = 6.51$ mg

∴不含氧 ⇒ $C : H = \frac{5.58}{12} : \frac{0.93}{1} = 1 : 2$

簡式：CH_2，分子式$(CH_2)_n$

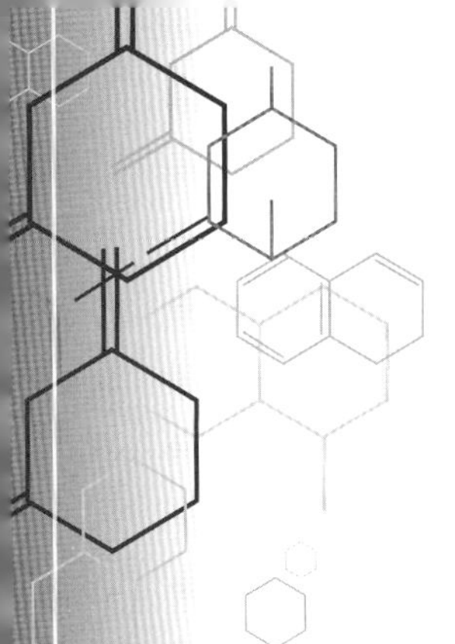

範例 1-10

維他命C含C、H、O三種元素，今取0.44克維他命C置於純氧中完全燃燒，產物通過甲管（過氯酸鎂）和乙管（NaOH），甲管重量增加0.18克，乙管重量增加0.66克，則維他命C之實驗式爲：

(A) CH_2O　(B) CH_3O　(C) $C_2H_3O_2$　(D) $C_3H_4O_3$

解析

答案為 D

H 重＝0.18×(2/18)＝0.02 克；C 重＝$0.66\times\frac{12}{44}$＝0.18 克

$W_O = W_{試樣} - W_C - W_H = 0.44 - 0.02 - 0.18 = 0.24$……此步驟檢查是否含氧原子

$\therefore C_xH_yO_z \Rightarrow x : y : z$

$= \frac{W_C}{12} : \frac{W_H}{1} : \frac{W_O}{16}$（莫耳數比）

$= \frac{0.18}{12} : \frac{0.02}{1} : \frac{0.24}{16}$

$= 3 : 4 : 3$

本章學習重點

1. 化合物分類之一，即為「有機化合物」與「無機化合物」。
2. 同分異構物是指：化合物具有相同的分子式，但其結構式不同。
3. 有別於碳原子間鍵結成的共價鍵，而有機分子間也有作用力存在，分類上依據產生的形式劃分成「凡得瓦力（van der Waals force）」、「氫鍵（hydrogen bonding）」。
4. 凡得瓦力分為：偶極-偶極力、偶極-誘發偶極力及分散力
5. 最常見的元素分析形式，是以「燃燒分析法（Combustion analysis method）」來求得有機物樣品中的成分組成。

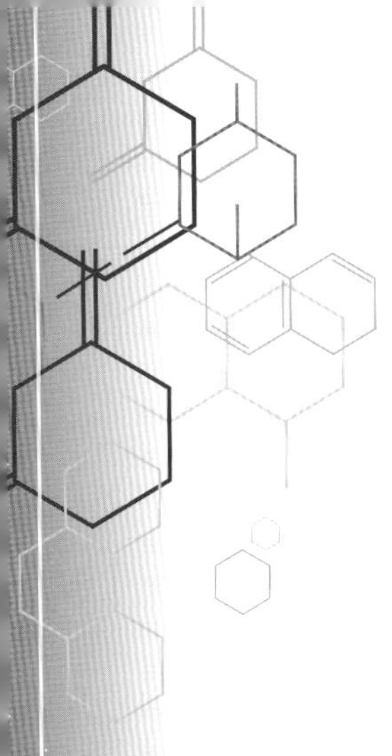

學習上應注意事項與容易犯下的錯誤

1. 有機化合物已非只能由生物體產生，人類早已可人工合成有機化合物。
2. 為了方便，有機化合物的結構式常以「線角式（line-angle formula）」來簡化。除了碳氫鍵以外，畫出結構式中所有化學鍵的骨架：碳碳單鍵為「－」，多個碳碳單鍵連接時，畫為折線。雙鍵與參鍵則依序用「＝」、「≡」表示，化學鍵骨架加上官能基即為線角式。
3. 共價鍵屬於「原子間」作用力，凡得瓦力與氫鍵屬「分子間」作用力。
4. 所有含碳的物質「不一定為」有機化合物 ，有機化合物「必含」碳原子 。
5. 燃燒分析法兩個偵測器順序不能互換，會影響計算水與二氧化碳增加的重量。

有機化合物的結構

本章導讀

有機化合物有哪些？

醇類、醚類、炔類？有機化合物到底該如何分辨？

原子團分為「根」、「基」。根與基差別為何？

會考、學測、分科考試等常見的考題及邏輯，讓你一次掌握。

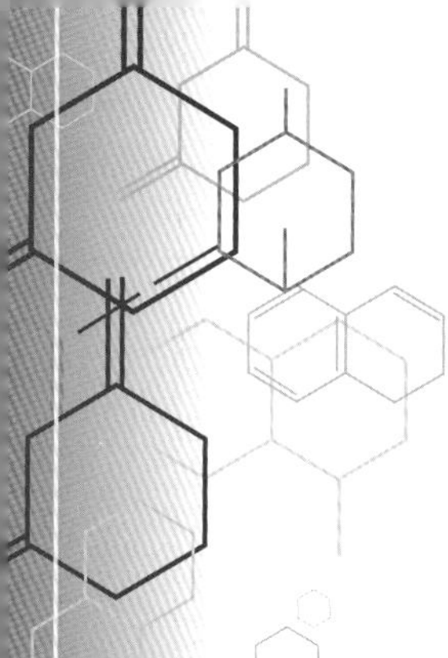

學習概念圖

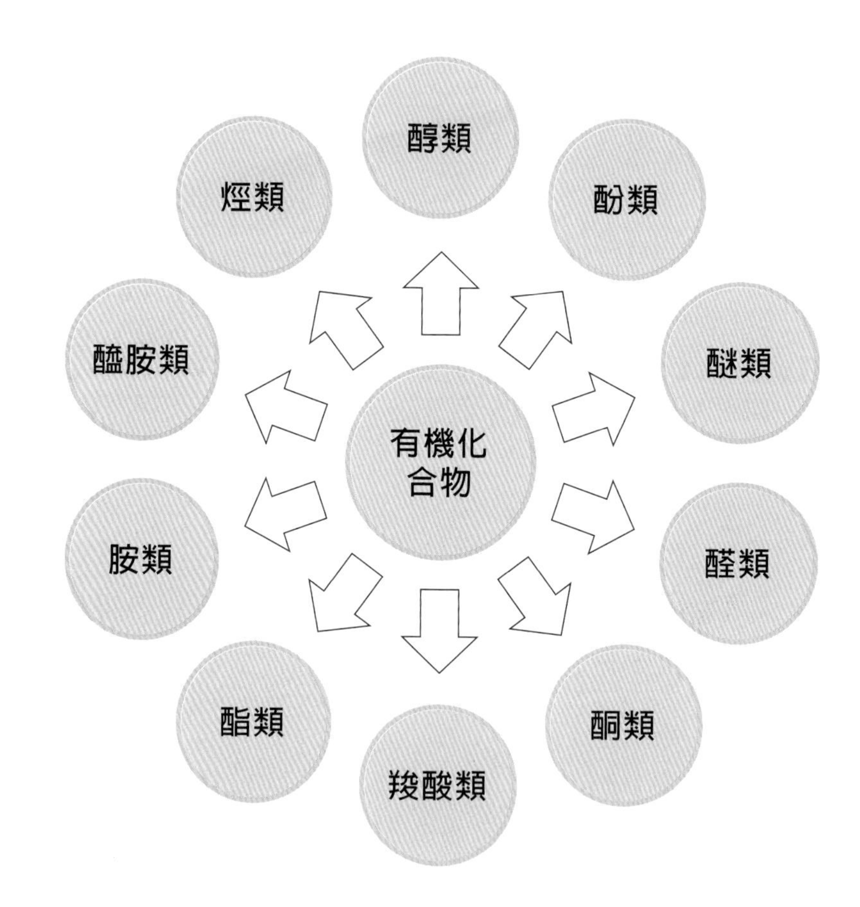

愉快的上課時間一下子就過去了，崇愷與薇薇兩個人似乎意猶未盡，明明已經下課，還圍繞在大為老師身邊，不斷地問著問題，久久不肯離去。

「原來有機化學與我們的生活如此貼近啊……」薇薇說完感想繼續問，「這麼龐大而複雜的有機化學，要分類它們一定不是那麼簡單。」

原本想回辦公室的大為老師，望著窗外炙烈的太陽，本來想邊走邊與兩位同學討論，索性就留在有冷氣的教室裡，繼續與大家談論有機。

「薇薇，說說看你是哪一種人呢？」

薇薇沒想到大為老師會突然問她這個問題，一下子接不上來，倒是一旁的崇愷故意開玩笑：「她是一位潑辣、暴躁、沒耐心的人啦！」

「你才是啦！我是一個溫柔、可愛、具同情心的好女孩喔！」薇薇白了崇愷一眼，崇愷對她做了個鬼臉。

大為老師看了一下手錶注意時間，因為教數學的東明老師與他有約要一起吃午餐，不過時間看起來還早，所以他緩緩抬起頭，很嚴肅地問薇薇：「從哪裡看得出來你是位『溫柔、可愛、具同情心的好女孩』呢？」

「我……」薇薇本來急著回答，但是看到老師嚴肅的表情，一下子說不出話來，表請就僵在那裡，張著口，模樣有點滑稽。

「我幫她回答好了，」崇愷還是在開玩笑捉弄薇薇，「看她的眼睛，就知道她很『溫柔』，看她的鼻子，就知道她很『可愛』，看她的嘴巴，就知道她很有『同情心』啦！」他拍了拍薇薇的肩膀，「我說得很對吧，哈哈！」

「喔……，原來如此。」大為老師似乎很滿意崇愷的回答，笑了出來說，「所以這樣子的女孩名字要叫做『薇薇』囉？」他轉向崇愷，繼續

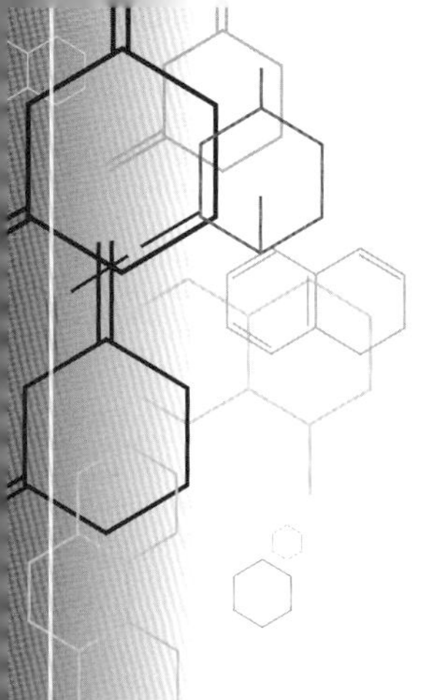

問：「商學院國貿系也有一位同學的名字叫『崇愷』，你跟他同名耶，請問你如何向大家說明你們的不同呢？」

「簡單啊，我長得比較帥！」崇愷原本是在開玩笑，沒想到老師也跟著開玩笑，所以就嘻皮笑臉地回答，「『帥』字怎麼寫，看我的臉就知道！」

「喔……」薇薇抓到機會，不客氣回嗆：「原來蟋蟀的『蟀』是這麼寫的啊……。」

「好啦好啦別抬槓了，」老師笑著打圓場，「有機化合物也是一樣，看它的『官能基』，就知道它是屬於哪一類的有機化合物。而遇到相同分子式的不同化合物，就必須由它結構上的不同來判斷，這種分子式相同而結構式不同的化合物，我們稱它們叫做『同分異構物』。」

薇薇聽完，拍拍崇愷的肩膀，說道：「要知道『帥』字怎麼寫，我還是去看一下那位國貿系同學的臉好了……。」

1 官能基與取代基

碳原子的結合能力強大，除了可以和氫、氧、氮、硫、磷等原子結合外，亦可和自身結 合形成碳環與碳鏈，再加上同分異構現象，使得有機化合物的數量遠遠大於無機化合物，可 達近億種。

有機化合物的性質由原子組成種類，數目與排列方式決定。舉例來說，甲烷（CH_4）為可燃性氣體且難溶於水，而乙醇（CH_3CH_2OH）於常溫下為液體且易溶於水，兩者均為有機化合物，因原子組成種類和數目而產生差別。再來，甲醚（CH_3OCH_3）與乙醇（CH_3CH_2OH）為同分異構物，

其原子組成與數目均相同，但因原子排列方式造成結構不同，造成彼此性質產生極大差異，甲醚沸點低常溫下為氣態；乙醇沸點較高常溫下為液態。

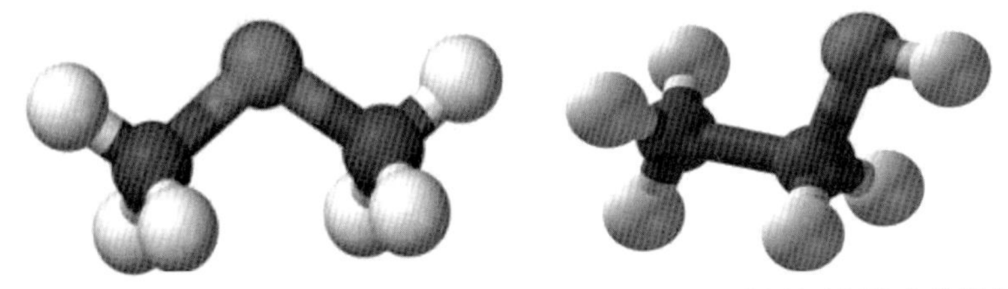

▲我是甲醚他是乙醇，我們是雙胞胎，但是因為長得不一樣所以個性也差很多哦！

大家是否發現，甲醚的化學式寫法為CH_3OCH_3，而乙醇的化學式寫法為CH_3CH_2OH。其中甲醚與乙醇原子組成及數量皆相同，如果寫成簡單分子式可以 C_2H_6O表示，於是我們可以發現，簡單分子式可以讓我們了解其原子組成與數量，但卻無法讓我們了解兩種物質的區別，所以有機化合物的化學式通常都會將特殊的「官能基」表示出來，例如我們看到乙醇的化學式CH_3CH_2OH特別將OH標示出來，除了讓我們一眼就可以知道此有機化合物為醇類，另一方面也讓我們了解此化合物的結構組成。

一、官能基

1. 定義：官能基（Functional group），是決定有機化合物的化學性質的原子或原子團。
2. 常見的官能基：

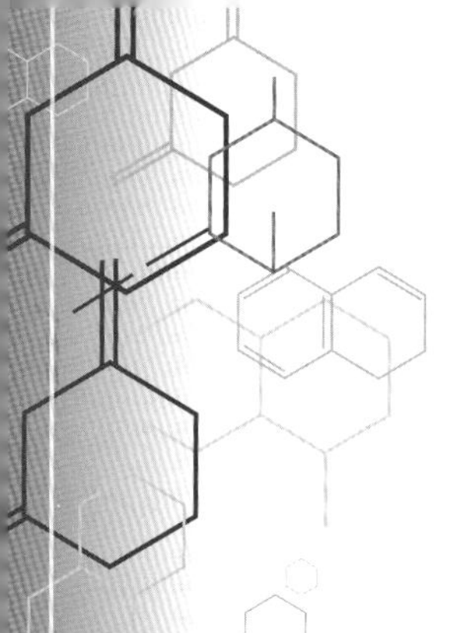

官能基	分類	最簡單範例	結構式（線角式）
$-OH$	醇	甲醇	$H-\underset{H}{\overset{H}{C}}-O-H$
	酚	苯酚	OH
$-O-$	醚	甲醚	$H-\underset{H}{\overset{H}{C}}-O-\underset{H}{\overset{H}{C}}-H$
$-N\lt$	胺	甲胺	$H-\underset{H}{\overset{H}{C}}-N\lt^{H}_{H}$
$-\overset{O}{\overset{\Vert}{C}}-H$	醛	甲醛	$H-\overset{O}{\overset{\Vert}{C}}-H$
$-\overset{O}{\overset{\Vert}{C}}-$	酮	丙酮	$H-\underset{H}{\overset{H}{C}}-\overset{O}{\overset{\Vert}{C}}-\underset{H}{\overset{H}{C}}-H$
$-\overset{O}{\overset{\Vert}{C}}-OH$	羧酸	甲酸	$H-\overset{O}{\overset{\Vert}{C}}-O-H$
$-\overset{O}{\overset{\Vert}{C}}-O-$	酯	甲酸甲酯	$H-\overset{O}{\overset{\Vert}{C}}-O-\underset{H}{\overset{H}{C}}-H$
$-\overset{O}{\overset{\Vert}{C}}-N\lt$	醯胺	甲醯胺	$H-\overset{O}{\overset{\Vert}{C}}-NH_2$

二、取代基之烷基

1. 甲烷（CH_4）爲天然氣的主要成分，由1個碳原子以共價鍵連接4個氫原子所組成，是最簡單的有機化合物。
2. 甲烷移走1個H原子後連接其他官能基，此稱爲官能基的取代。
3. 烷類移走1個氫原子後剩下的部分稱爲烷基，烷基只含碳氫單鍵或碳碳單鍵，通常以「R」表示。烷基主長鏈外鍵結支鏈。即烷分子少1個H，以R表示。這些烷彼此相差CH_2的整數倍，稱爲同系物（homologue）。同系物有相同的通式與官能基。
4. 通式：$-C_nH_{2n+1}$

烷	RH	烷基	R
甲烷	CH_4	甲基	$-CH_3$
乙烷	CH_3CH_3	乙基	$-CH_2CH_3$
丙烷	$CH_3CH_2CH_3$	正丙基	$-CH_2CH_2CH_3$
		異丙基	CH_3CHCH_3 (中間C向下連接 |)
正丁烷	$CH_3CH_2CH_2CH_3$	正丁基	$-CH_2CH_2CH_2CH_3$
		第二丁基	$CH_3CHCH_2CH_3$ (第二個C向下連接 |)
異丁烷	CH_3CHCH_3 下接 CH_3	異丁基	CH_3CHCH_2- 下接 CH_3
		第三丁基	CH_3 上接，CH_3CCH_3，下接 |

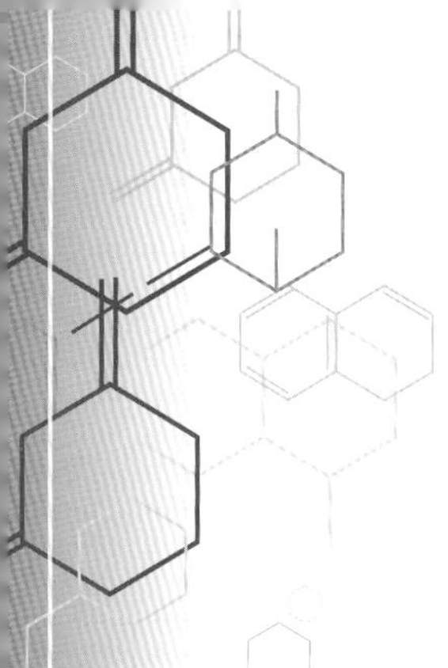

範例 2-1

冬青油爲某種傳統藥材內含有的化合物，其結構如附圖，試問在此化合物中含有哪些官能基？

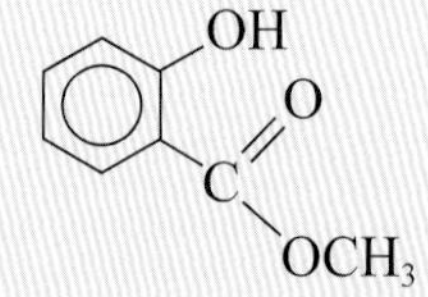

(A)羥基 (B)醛基 (C)羧基 (D)酯基 (E)胺基。

解析

答案：(A)(D)

冬青油為柳酸甲酯的俗稱。

2 IUPAC有機物命名法（IUPAC nomenclature organic compounds）

IUPAC（International Union of Pure and Applied Chemistry）的簡稱，國際純粹及應用化學聯合會）是建立化學元素及化合物命名標準的國際權威。1860年進行了全世界首次有關國際標準有機化合物命名系統的會議，而此次會議最終演化促成正式的IUPAC有機物命名法。

IUPAC命名法包含了從有機到無機化合物、從分子到高分子等的命名標準、更新及維護，同時提供了對核酸基序列碼的規範化，出版有關環境科學、化學和物理學的文獻，以及帶領增強科學教育等整合國際科學方面的重要貢獻。

▲ IUPAC 是一個聯合設國家會員組織，並代表各國化學家的國際聯盟

IUPAC命名法是一種有系統命名有機化合物的方法。它其實並不是嚴格的命名系統，它會因地制宜地接受一些物質或基團所慣用的俗名。最理想的情況是，每一種有清楚結構式的有機化合物都可以用一個確定的名稱來描述它。

IUPAC命名系統並不是由中文制定的，因此在現行的有機化合物命名是另外由中國化學會（CCS）根據漢字的特點，結合英文命名系統所制定。中文命名系統與英文最大不同的差異在於，其取代基所排列的順序。在中文命名系統下，不同取代基的排列順序是以取代基碳數少的排列在前面（如：甲基 > 乙基 > 丙基）。

在理想情況下，有機化合物依照官能基或結構的不同，其命名會因爲種類而不盡相同。中文命名的寫法公式爲：

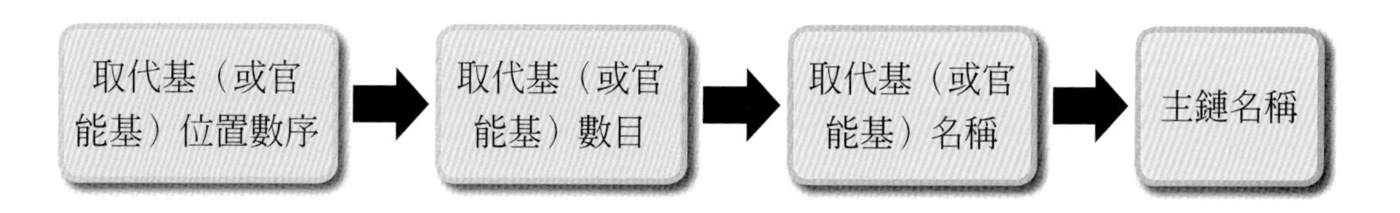

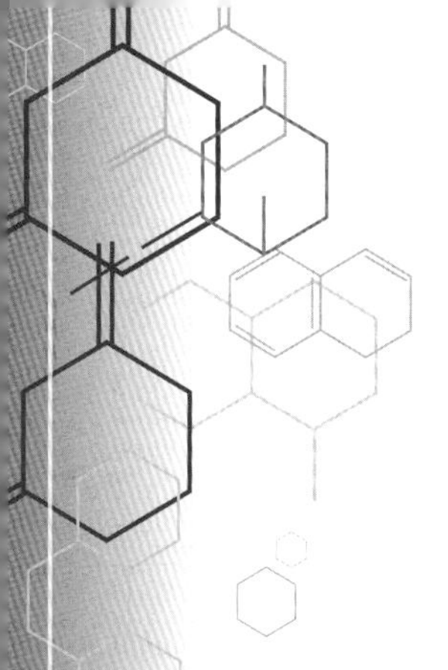

一、決定主鏈

1. 沒有支鏈的碳原子鏈：十個碳以下使用天干（甲、乙、…、壬、癸）表示，十個碳以上則使用數字表示（如十一烷、十二醇……等）。
2. 有支鏈的碳原子鏈：以最長的碳鏈爲主；如有兩個以上等長的碳原子鏈，則以取代基多的爲主要碳鏈，其主鏈的名稱放在化合物名稱的最後。
3. 當含碳數相同但排列順序不同時，稱爲它們互爲異構物，可依「正」、「異」、「新」命名。超過 5 個碳原子的烷類因爲同分異構物太多，則不適合以俗名表示。但可以稱沒有支鏈的鏈狀烷均爲正某烷，例如：正己烷表示沒有支鏈的己烷。

結構式	C—C—C—C—C	C—C(—C)—C—C	C—C(C)(C)—C
俗名	正戊烷	異戊烷	新戊烷
系統命名	戊烷	2- 甲基丁烷	2，2- 二甲基丙烷

二、取代基的編號及命名

1. 當只有一個取代基時，從主碳鏈上最靠近取代基的一端開始編號。使取代基的位置數字越小越好。

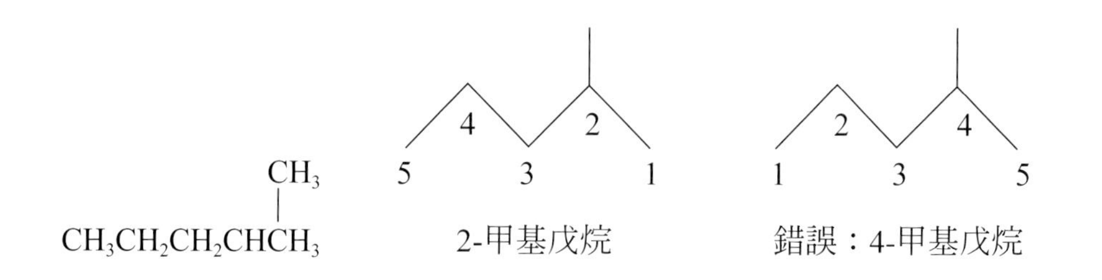

2-甲基戊烷　　錯誤：4-甲基戊烷

2. 如果有二個或多個以上相同的取代基，從主碳鏈上最接近取代基一端開始編號，取代基前應加上一、二、三……等表示取代基的數目。注意檢驗位置數字之和是否最小。

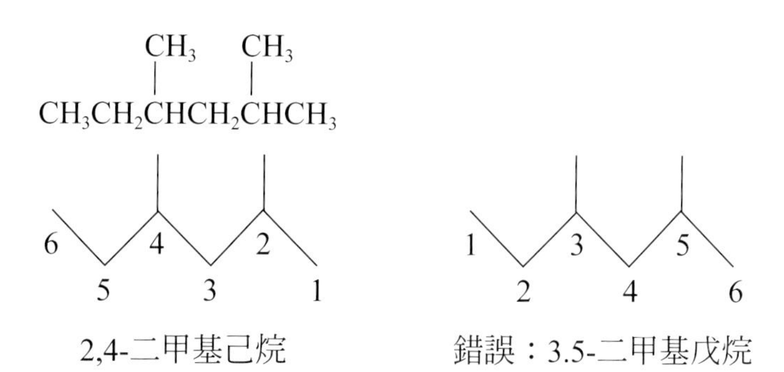

2,4-二甲基己烷　　錯誤：3.5-二甲基戊烷

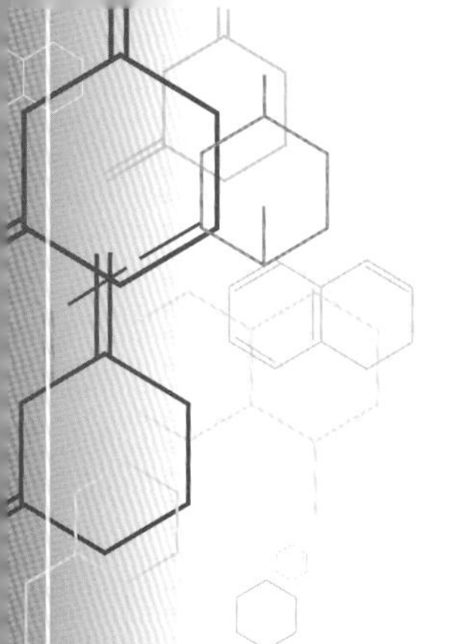

3. 如果有兩個或多個不同的取代基，以取代基的碳數較少的先編號；如果在主鏈兩端相同位置都有取代基，則以取代基碳數少的先編號。

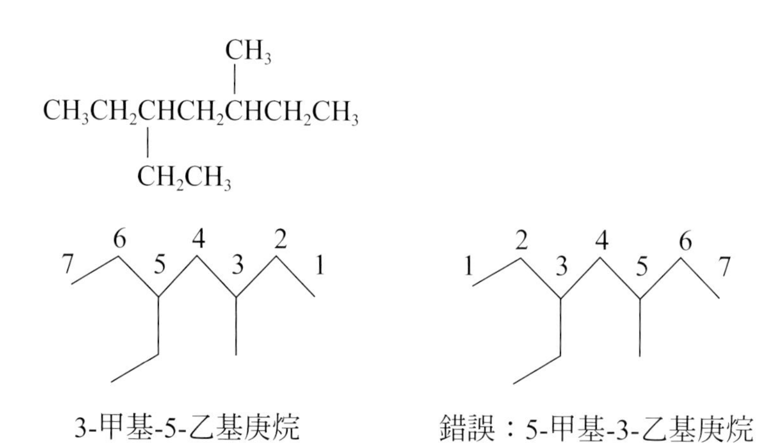

3-甲基-5-乙基庚烷　　錯誤：5-甲基-3-乙基庚烷

4. 不同取代基的先後順序前面所探討是以長鏈烷烴類的命名為主，當化合物結構式中含有如-OH（羥基）、$>C=O$（羰基）等官能基或是接受不同元素基團取代時，由順序規則決定數序。

5. 比較各支鏈、取代基的第一個原子原子序數的大小。原子序數原子質量越大，其所接的碳原子編號數字越小。例如：I > Br > Cl > F > O > N > C

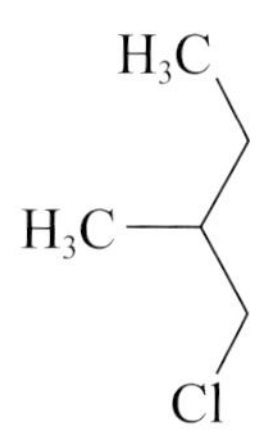

▲ 1- 氯 2- 甲基丁烷（因爲 Cl > C）

6. 如果所接的第一個原子相同，則比較第一個原子上連接原子的順序，如果有雙鍵或是三鍵則視爲連接了2或3個相同的原子，以所接原子質量最大的官能團爲主，命名時需要放在後面。例如：$-CH_2Br$、$-CH_3$。這兩基團的第一個原子均爲C，則比較C原子上所連接的原子（分別爲Br及H）因爲Br > H，所以在編號時從接近接上$-CH_2Br$的碳原子端開始編號，命名時基團名稱需放後面。

三、環狀結構的命名規則

一般常見的環狀烴類沿用直鏈烴類的命名，在前面加上環某烷即可。如環上帶有雙鍵則從雙鍵處開始編號。

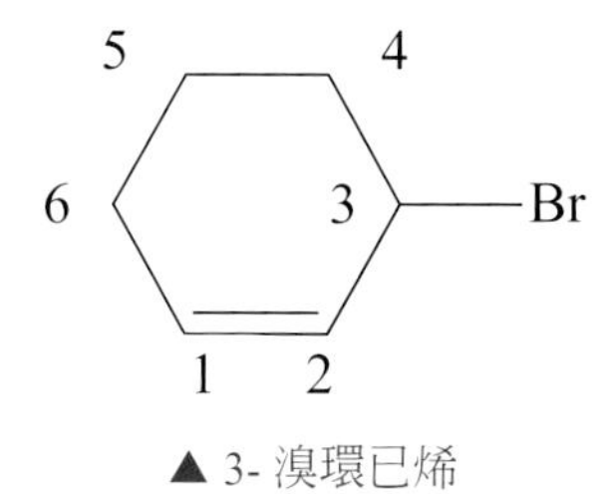

▲ 3- 溴環已烯

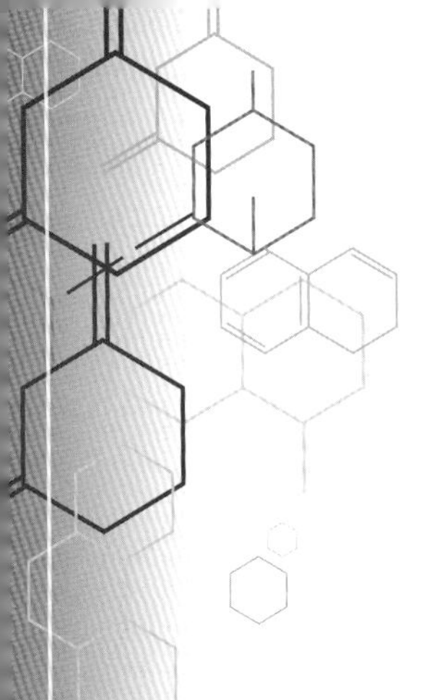

另有關芳香烴的命名，當有一個取代基時，命名爲某苯或是苯某。

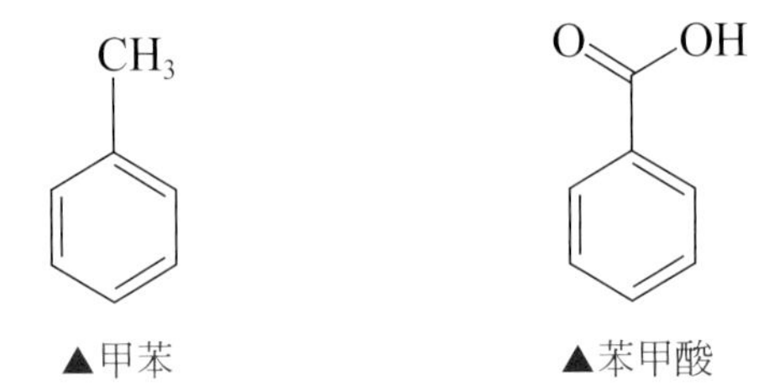

▲甲苯　▲苯甲酸

有兩個取代基時，以數字1,2、1,3、1,4或鄰、間、對表示。

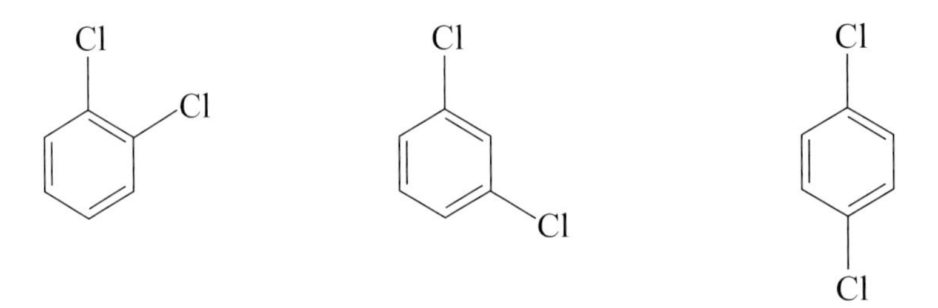

1,2- 二氯苯	1,3- 二氯苯	1,4- 二氯苯
（鄰二氯苯）	（間二氯苯）	（對二氯苯）

有三個或三個以上的取代基時，位置皆以數字表示。

範例 2-2

化合物甲的結構式如圖，下列哪一選項是化合物甲的正確中文系統命名？

CH_3
H_2C
CH $\quad$ H_2 $\quad$ H_2
H_3C $\quad$ C $\quad$ C $\quad$ C $\quad$ C $\quad$ CH_3
H_2 $\quad$ ‖
O

解析

答：6-甲基-3-辛酮

因羰基靠近右邊，應由右邊算起。

當我們遇到這種一長串的有機結構式時，首先可以先識別是否是只由碳氫兩種元素所組成的烴類或是含有其他官能基。本題結構式中具有C=O官能基，化合物為酮類（$C_nH_{2n}O$）。

在含有支鏈之碳原子鏈中，如果最長碳鏈的含碳數不超過十個，以天干（甲、乙、丙、……、壬、癸）表示該化合物的含碳數；如果碳數超過十個以上，就以數字命名。此例題之最長碳鏈總共含有8個碳，所以跟據IUPAC的命名定為「辛」。接著，就該來考慮取代基的編號規則了，這是很多同學都非常挫折的地方。其實非常簡單，只要注意讓取代基的編號數字為最小即可以。在IUPAC命名法則中規定「含有主要官能團的最長碳鏈作為主鏈，並以靠近該官能團的一端標為1號「碳」，以此題為例，必須從羰基所在的那一側開始編號。由此可以知道本結構式在6號碳

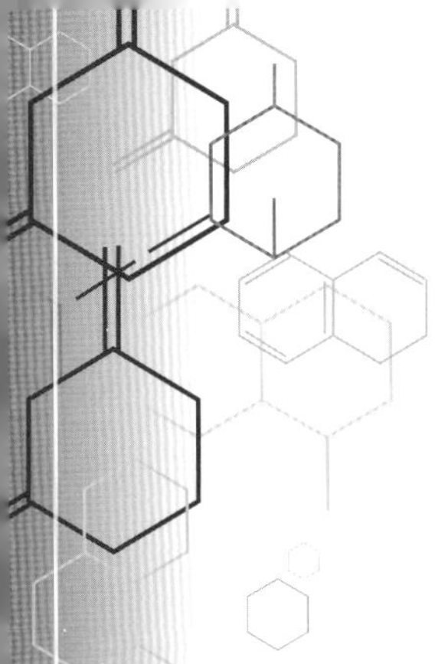

上有一個取代基。一般學生對於最長碳鏈的碳數目以及取代基的判別有很大的問題。其實只要把握住幾個要點：主碳鏈上是否有官能基（決定化合物的種類）、取代基的編號排列總和必為最小、常見的原子質量大小比較，想必這種題目一定都會處理得得心應手。

3 常見的有機化合物

首先介紹僅由碳和氫所組成的有機化合物：烴類。

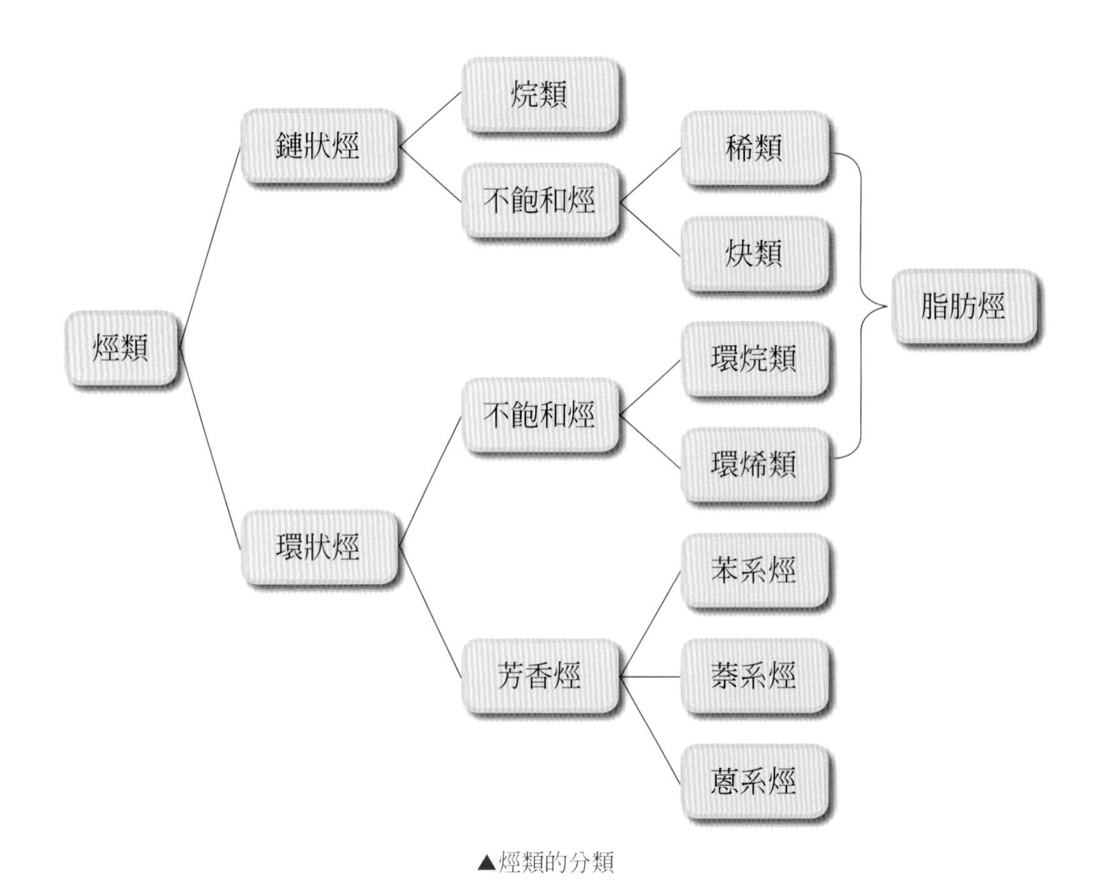

▲烴類的分類

僅由碳與氫組成的有機化合物。飽和烴爲碳原子以單鍵相連接，不飽和烴爲碳原子以雙鍵（烯類）或參鍵（炔類）相連接者，脂環烴爲不含苯環的環狀烴類，脂肪烴除了芳香烴外的所有烴類，芳香烴爲含有苯環之烴類。

鏈狀烴	飽和烴	烷類	單鍵	C_nH_{2n+2}
	不飽和烴	烯類	具有 1 雙鍵	C_nH_{2n}
		炔類	具有 1 參鍵	C_nH_{2n-2}
環狀烴	脂環烴	環烷類	具有 1 環	C_nH_{2n}
		環烯類	具有 1 環 1 雙鍵	C_nH_{2n-2}
	芳香烴（含苯環）	苯系烴	碳數≧ 6	C_nH_{2n-6}
		萘系烴	碳數≧ 10	C_nH_{2n-12}
		蒽系烴	碳數≧ 14	C_nH_{2n-18}

一、烷類

烷類爲飽和烴類，又稱石蠟烴，僅含碳一碳單鍵，爲石油與天然氣中的主要成分。甲烷（CH_4）與乙烷（C_2H_6）爲烷類最典型的成員。烷類命名系統中，通以碳原子總數決定烷類之名稱，前二十個不分支鏈的烷類依天干：甲、乙、丙、丁、戊、己、庚、辛、壬、癸命名之，超過十個碳則以數字：十一、十二、十三、十四、十五、十六、十七、十八、十九、二十命名之。由於俗名系統無法命名含有支鏈的烷類，所以較複雜的烷類必須使用IUPAC命名法則；烷類分子通式C_nH_{2n+2}

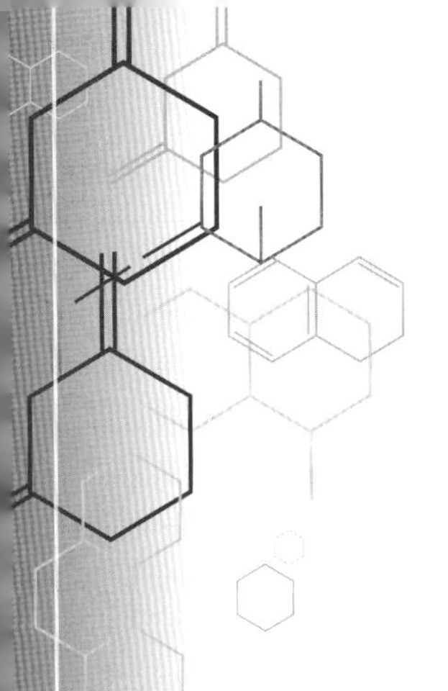

名稱	分子式	名稱	分子式
甲烷	CH4	十一烷	C11H24
乙烷	C2H6	十二烷	C12H26
丙烷	C3H8	十三烷	C13H28
丁烷	C4H10	十四烷	C14H30
戊烷	C_5H_{12}	十五烷	$C_{15}H_{32}$
己烷	C_6H_{14}	十六烷	$C_{16}H_{34}$
庚烷	C_7H_{16}	十七烷	$C_{17}H_{36}$
辛烷	C_8H_{18}	十八烷	$C_{18}H_{38}$
壬烷	C_9H_{20}	十九烷	$C_{19}H_{40}$
癸烷	$C_{10}H_{22}$	二十烷	$C_{20}H_{42}$

▲烷類名稱與分子式

具有環狀結構的烷類稱為環烷類，最簡單的環烷類為環丙烷，僅有一環的環烷類分子通式為 C_nH_{2n}。由於具有環狀結構，環烷類具有順反異構現象（註1）。

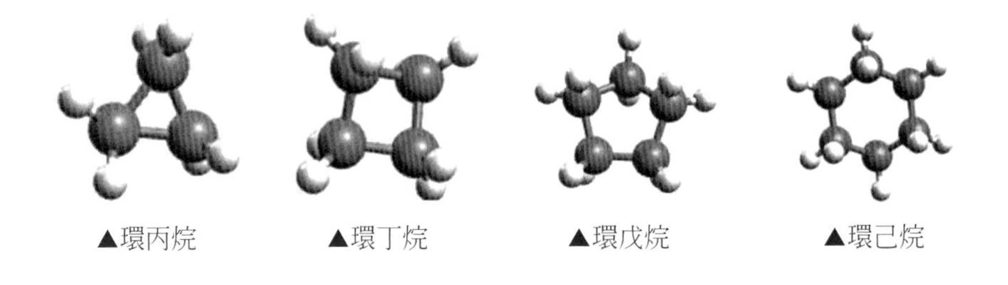

▲環丙烷　▲環丁烷　▲環戊烷　▲環己烷

（註 1）具有雙鍵及環狀的化合物因分子自由旋轉受阻，而產生順式（*cis*）與反式（*trans*）兩種異構體，其物理性質和化學性質也有所不同。

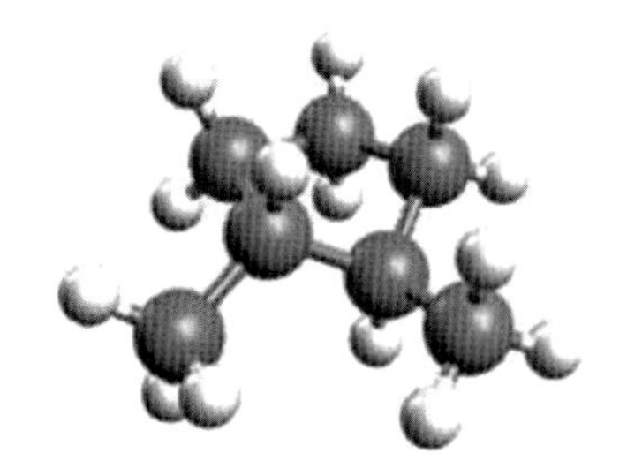

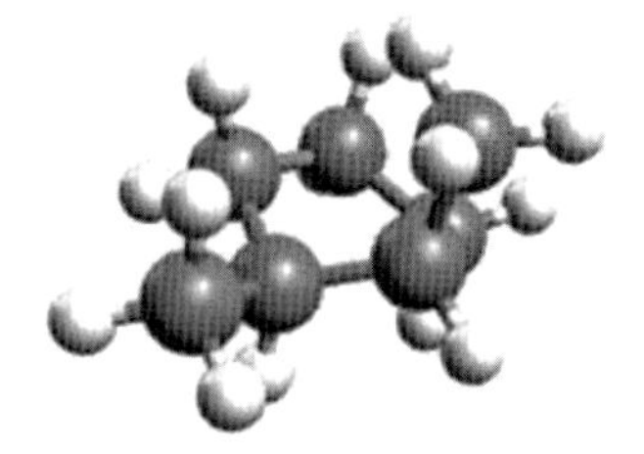

▲順 -1,2- 二甲基環戊烷　　　　▲反 -1,2- 二甲基環戊烷

順反異構現象，取代基位於同側時爲順式，位於反側時爲反式

烷類與環烷類分子幾乎完全沒有極性，碳與氫爲非極性之共價鍵結，其電位差僅爲0.4，因爲沒有極性，所以烷類極難溶於水，但烷類可溶於有機溶劑中。烷類依照碳數不同，在常溫下的型態也不同，一般來說，碳數介於1～4的烷類在常溫下爲氣態；碳數介於5～17的烷類爲液態；碳數18以上的烷類爲固態。

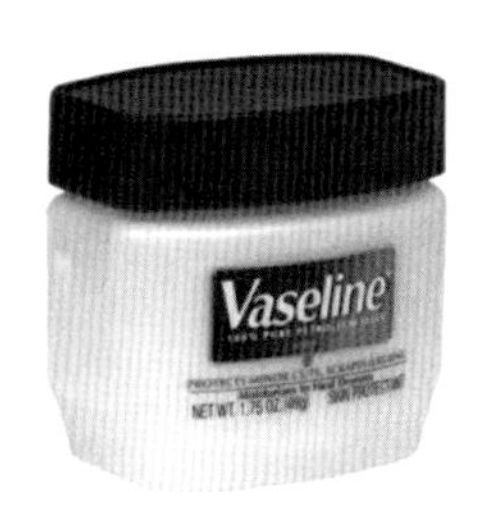

▲凡士林的成分是高分子的烷類混合物

由於烷類分子幾乎完全沒有極性，僅靠微弱的分散力產生鍵結，故烷類之沸點低於其他相同分子量之化合物，當烷類分子量逐漸增加時，其分散力也隨之增加，沸點也跟著增加，整體來說，烷類的沸點與熔點通常隨

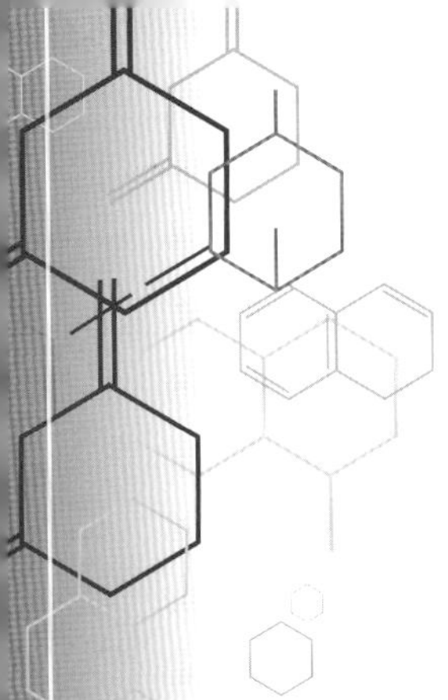

分子量增加而增高。 環烷類因具有環狀結構，其沸點與熔點較鏈狀烷類高。

名稱	結構式	熔點℃	沸點℃	密度
戊烷	$CH_3(CH_2)_3CH_3$	-130	36	0.626
己烷	$CH_3(CH_2)_4CH_3$	-95	69	0.659
庚烷	$CH_3(CH_2)_5CH_3$	-57	98	0.684
辛烷	$CH_3(CH_2)_5CH_3$	-51	126	0.703

▲烷類的熔點與沸點隨分子量增加而增高

烷類在人類文明發展中佔了極重要的地位，全世界烷類的主要來源爲化石燃料，天然氣、石油及煤，均爲現代社會中不可或缺之能源。在美國，化石燃料占能量消耗的90%，其餘爲核能發電與其他再生能源。石油與天然氣可提供人造纖維、塑膠、染料及其他有機化合物之有機原料，爲人類生活不可或缺之有機化合物。

▲打火機的燃料爲丁烷

二、烯與炔

烯類爲不飽和烴類，具有一個或多個碳=碳雙鍵。乙烯（C_2H_4）爲最簡單之烯類。由於烯類具有雙鍵，因雙鍵旋轉受到限制，所以會產生順反異構物，命名必須使用IUPAC命名系統才能準確命名之，但仍有許多烯類是以俗名命名之。烯類分子通式爲C_nH_{2n}

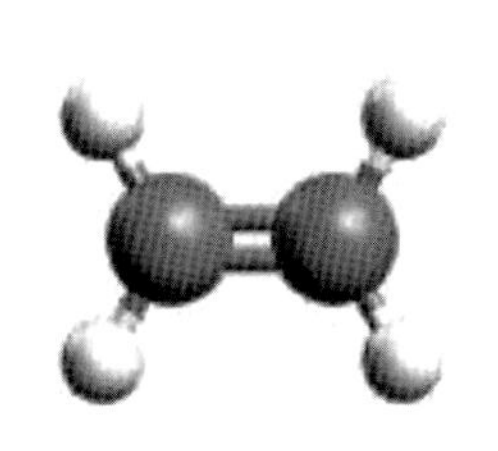

▲乙烯爲最簡單之烯類

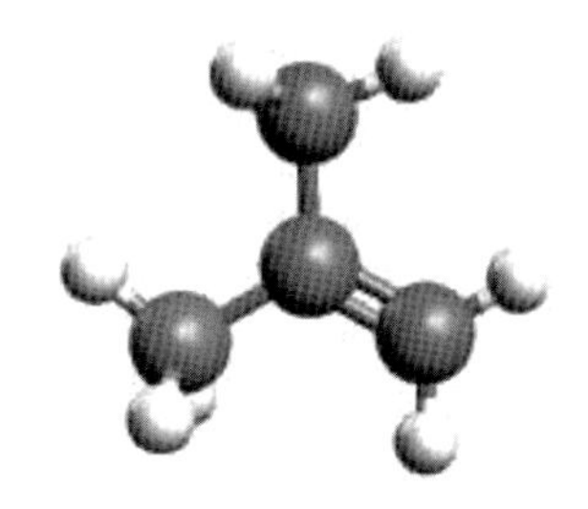

▲ 2- 甲基丙烯

俗稱異丁烯，是丁烯的同分異構物分子式C_4H_8，爲許多工業合成的原料

具有環狀結構的烯類稱爲環烯類，最簡單的環烯類爲環丙烯，具有一雙鍵一環的環烯類分子通式爲C_nH_{2n-2}。由於具有環狀結構，環烯類也具有順反異構現象。但因爲角張力（註2）原因，碳原子數目必須大於8以上才有可能發生。

（註2）角張力：來自於環狀結構上的碳原子，爲了追求混成軌域的最佳理想角度，而扭曲環，創造出最符合理想的鍵角。

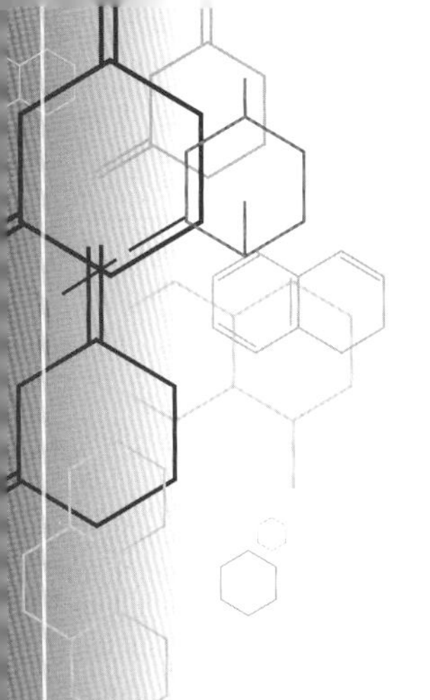

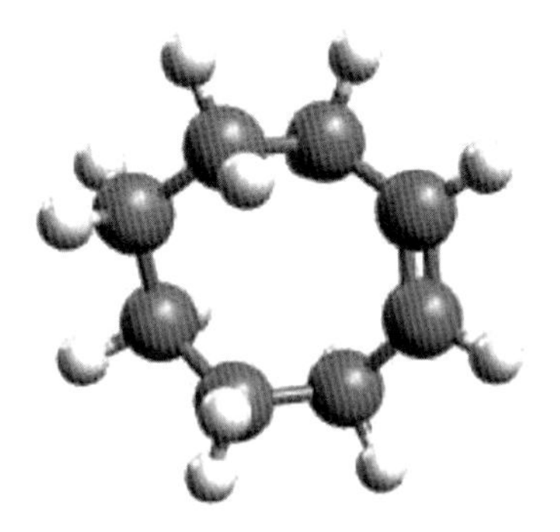

▲環辛烯具有順反異構物

其分子式 爲 C_8H_{14}

炔類爲不飽和烴類，具有碳≡碳參鍵。最簡單的炔類爲乙炔（C_2H_2），炔類分子通式爲C_nH_{2n-2}，値得注意的是，炔類沒有環狀結構及順反異構現象。

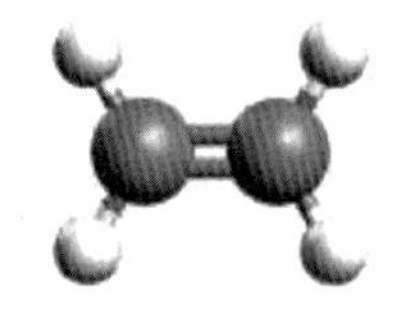

▲乙烯

▲乙炔

烯類爲碳=碳雙鍵；炔類爲碳≡碳參鍵

烯類與炔類分子和烷類一樣，幾乎完全沒有極性，分子間僅有分散力吸引，所以也和烷類一樣極難溶於水，但可溶於四氯化碳等有機溶劑中。烯類與炔類物理性質類似於烷類，液態烯類密度均小於1，故能浮在水面上，簡單的烯類如乙烯、丙烯、丁烯於常溫下爲氣體，碳數介於5～16的烯類爲液體，碳數17以上的烯類爲蠟狀固體。特別注意的是，順式烯類其沸點較反式爲高，熔點較反式爲低。

▲植物會釋放氣體植物激素乙烯，加速果實的熟成

乙烯爲重要之工業原料，主要用來做於生產聚乙烯、乙二醇、聚乙烯、聚苯乙烯等原物料。工業用使用天然氣所萃取之乙烷經高熱裂解後產生乙烯，或使用石油產生乙烯。

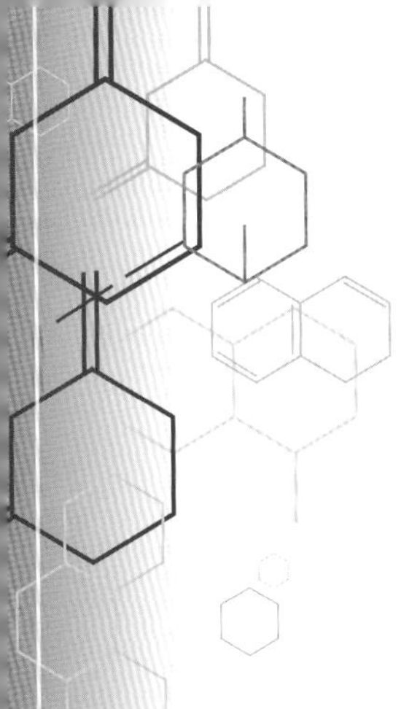

三、芳香烴

苯類及苯類衍生物的總稱爲芳香烴，爲不飽和烴類，於常溫下爲無色具有香味的液體。苯是最簡單的芳香烴，具有三個碳=碳雙鍵（註3），其分子通式爲C_nH_{2n-6}，苯雖具有較高的不飽和度，但仍具有相當的穩定性，一般情況下僅會進行氧化與取代反應（註4）。

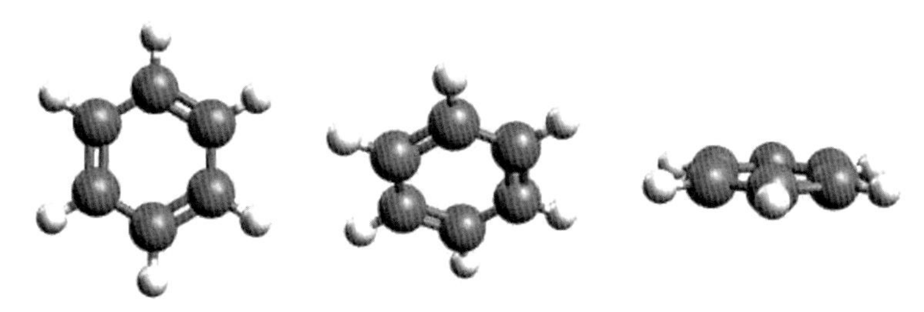

▲苯環爲立體平面結構

（註3）實際上，苯環中的碳-碳鍵長爲1.5鍵，界於單鍵與雙鍵之間，與路易式結構中共價鍵的鍵級爲整數不合，爲了解釋這個現象而產生共振假說。

▲苯同時存在兩種結構，稱爲共振

（註4）苯可以在特殊情況下進行雙鍵加成反應

$$+ 3H_2 \longrightarrow$$

▲使用鎳／鈀／鉑做爲催化劑可產生環己烷

苯含有一個苯環，含有兩個苯環的芳香烴稱爲萘，含有三個苯環的稱爲蒽。

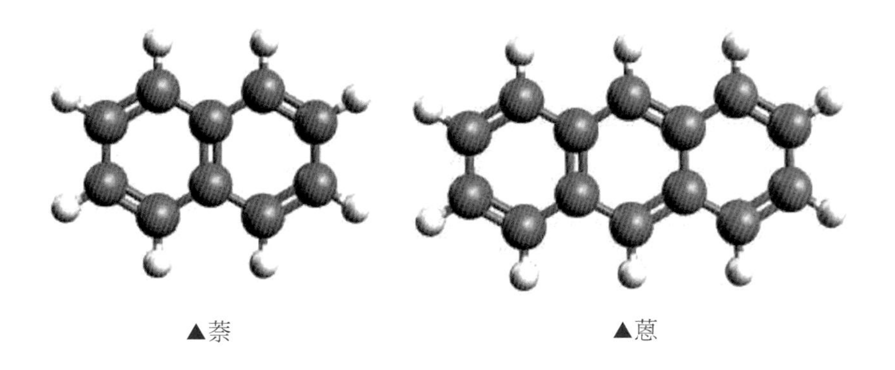

▲萘　　▲蒽

苯的一般性命名較爲簡單，當有取代基取代一個氫原子時，命名爲取代基苯。

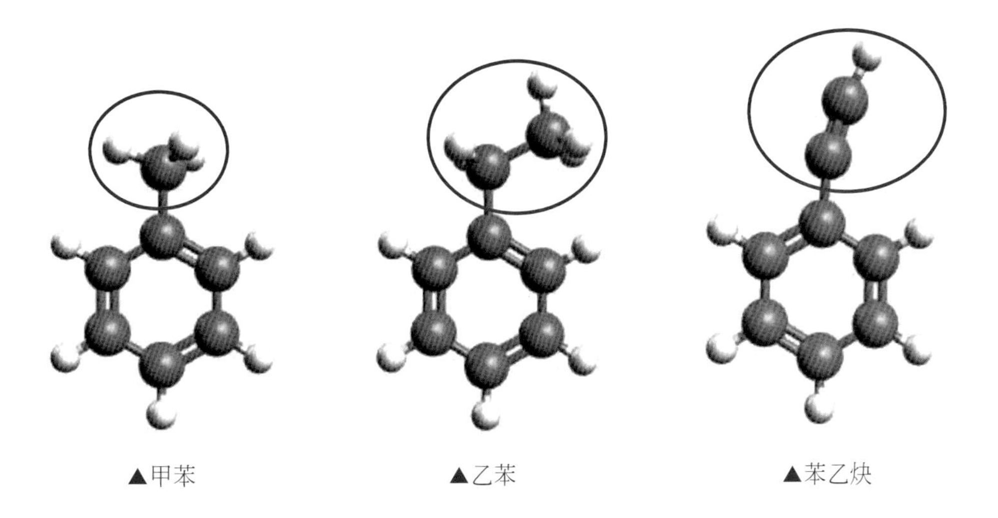

▲甲苯　　▲乙苯　　▲苯乙炔

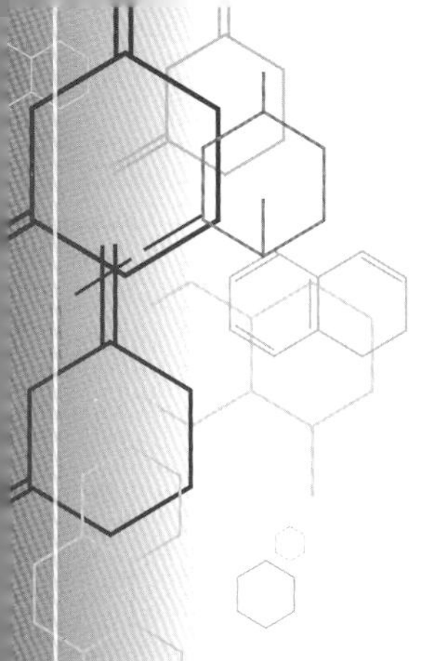

早在十九世紀初期，工業用金屬脫脂就常使用苯來做有機溶劑及當作化工原料。由於苯具有毒性，長期吸入會引起慢性苯中毒，以及急性中樞神經麻痺症狀，歐美各國已將苯視爲有毒致癌物質，並且明確規範其含量。

▲香菸中含有苯及200多種致癌物質

除了苯及其衍生物萘、蒽、菲外，尚有其他類型的化合物具有芳香性：及是含有高單位不飽和度，但其結構卻相當穩定的化合物，如雜環化合物（註5）。

（註5）雜環化合物，具有環狀結構的有機化合物，組成除了碳，還有氧、氮、硫原子。

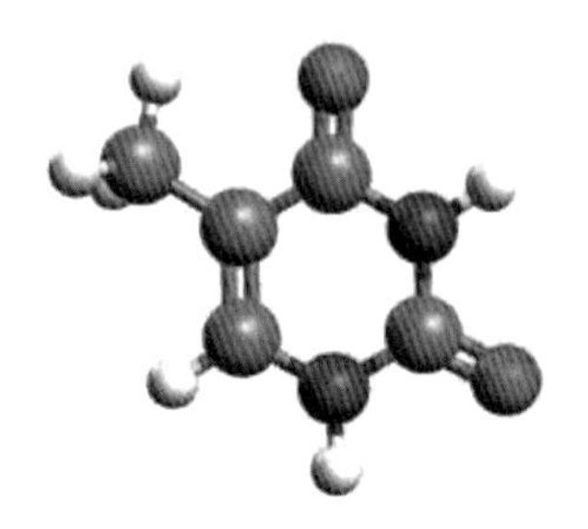

▲胸嘧啶（Thymidine）爲一種雜環化合物，由碳、氫、氧、氮組成

範例 2-3

下列結構皆爲有機化合物，請問其分類爲何

(A) $H-CH_2-C\equiv C-H$（結構式：H—C(H)(H)—C≡C—H）

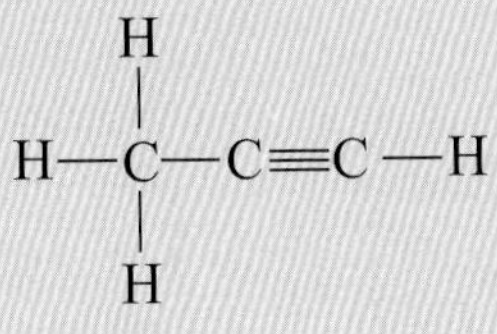

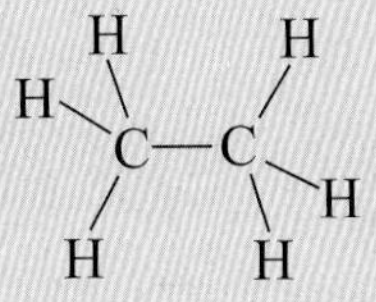

(B) 結構式：H₃C—CH₃

(C) 結構式：環丙烷（三個 C 形成環，各 C 接兩個 H）

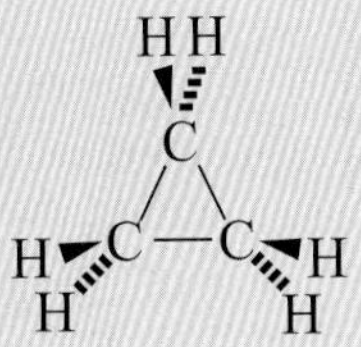

(D) HC=HC 與 CH_2 形成環狀結構

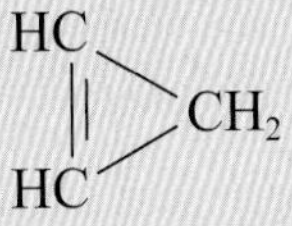

(E) 結構式：苯環，六個 C 各接一個 H

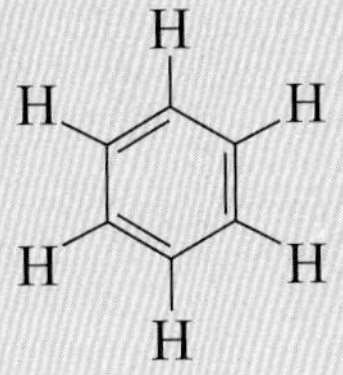

解析

(A) 化合物具有一個參鍵，所以我們可以得知此化合物為炔類。

(B) 化合物全部由單鍵組成，且沒有環狀結構，我們可以得知此化合物為烷類。

(C) 化合物碳與碳形成環狀結構，且皆為單鍵鍵結，我們可以得知此化合物為環烷類。

(D) 化合物碳與碳形成環狀結構，且具有一個雙鍵，我們可以得知此化合物為環烯類。

(E) 化合物碳原子數目為6，形成一6角型的苯環結構，我們可以得知此化合物為苯類。

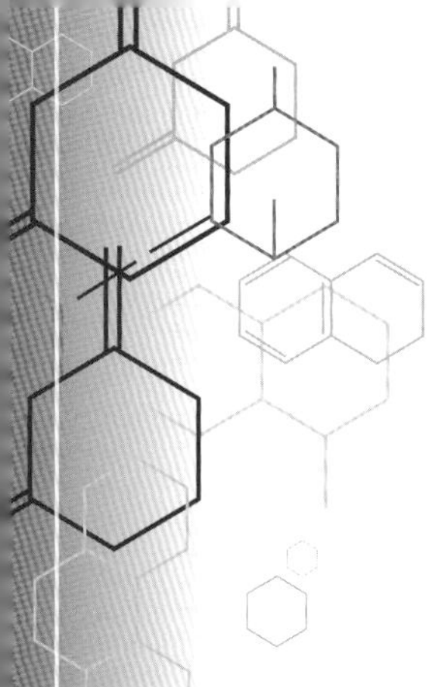

範例 2-4

分子式爲C_4H_8的化合物具有許多同分異構物，這些異構物可能屬於下列哪些類別？

(A)烷類、烯類　(B)烯類、炔類

(C)炔類、烷類　(D)芳香類、烷類　　【91年化學指定考科】

解析

本題出自高中升大學91年化學指定科目考題，同學要是平常考題或是指考時看到這類題型，請務必一定要拿取分數。題目考分子式C_4H_8的同分異構物，(A)(B)(C)(D)均為烴類，所以只要知道烷類、烯類、炔類的分子通式即可快樂拿取分數。

C_4H_8通式：C_nH_{2n}

(A)烷類通式：C_nH_{2n+2}；環烷類通式：C_nH_{2n}；烯類通式：C_nH_{2n}

(B)烯類通式：C_nH_{2n}；炔類通式：C_nH_{2n-2}

(C)炔類通式：C_nH_{2n-2}；烷類通式：C_nH_{2n+2}；環烷類通式：C_nH_{2n}

(D)芳香類通式：$C_nH_{2n-6\ -12\ -18}$；烷類通式：C_nH_{2n+2}；環烷類通式：C_nH_{2n}

題意顯然是將環烷類也歸於烷類一族，所以答案為(A)

除了烴類，還有碳、氫、氧、氮原子組合而成的有機化合物。下面是常見有機化合物的種類：

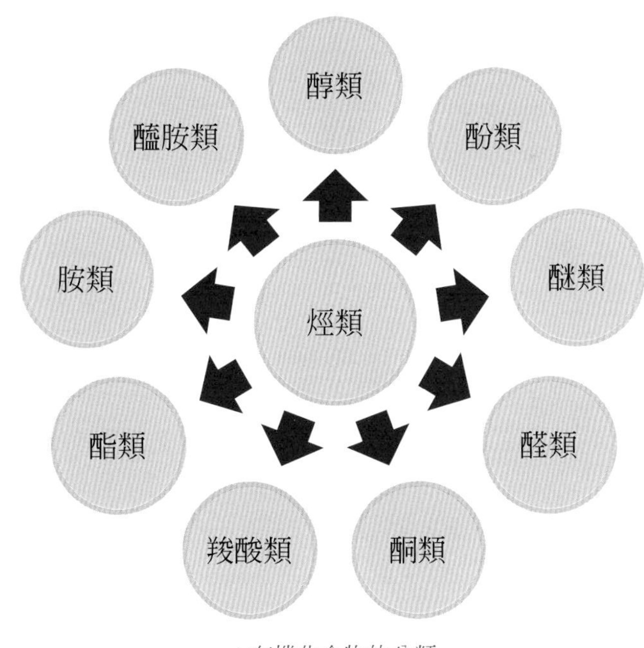

▲有機化合物的分類

1. 烴類：僅由碳、氫原子組合而成的有機化合物
2. 醇類：具有羥基（—OH）的有機化合物
3. 酚類：具有苯環及羥基（—OH）的有機化合物
4. 醚類：具有醚基（—O—）的有機化合物
5. 醛類：具有羰基（> C＝O）且碳原子與一個氫原子組成的有機化合物

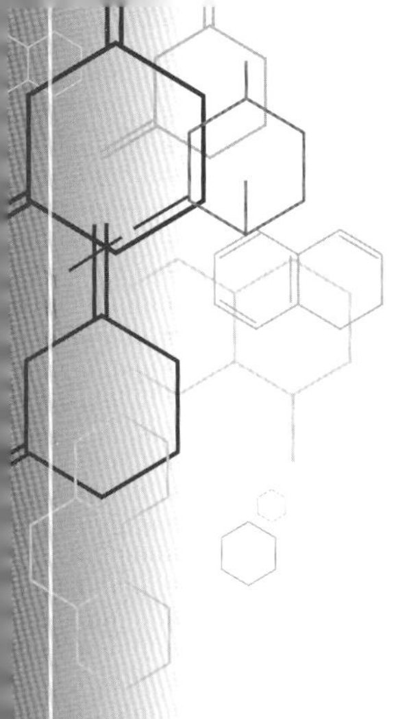

6. 酮類：具有羰基（＞C＝O）且碳原子與一個烴基組成的有機化合物
7. 羧酸類：具有羧基（—COOH）的有機化合物
8. 酯類：具有酯基（—COO）且氧原子上與一個烴基組合成的有機化合物
9. 胺類：具有胺基（$—NH_2$）的有機化合物
10. 醯胺類：同時具有羰基（＞C＝O）與胺基（$—NH_2$）的有機化合物

一、醇類

當烴類側鏈中的氫原子被羥基（—OH）取代就變成醇類。最簡單的醇類爲甲醇（CH_3OH），而大家最耳熟能詳的醇類就是乙醇（C_2H_5OH）了。醇類的命名必須使用IUPAC命名法則命名之，但也有些常見醇類使用俗名命名；醇類分子通式爲R-OH。

化學式	IUPAC 命名	俗名
CH_3OH	甲醇	木醇
C_2H_5OH	乙醇	酒精
C_3H_7OH	異丙醇	外用酒精
$C_3H_5(OH)_3$	1,2,3- 丙三醇	甘油
$C_6H_6(OH)_6$	環己烷 -1,2,3,4,5,6- 六醇	肌醇

早在西元前 10,000 年的新石器時代的人們就已經開始製造酒精飲料，飲用酒精可以產生酥芒、放鬆、快樂的感覺。酒精被人類大量運用在娛樂、催情等社交用途，古希臘神話中甚至有神祈專門幫眾神釀酒享樂。

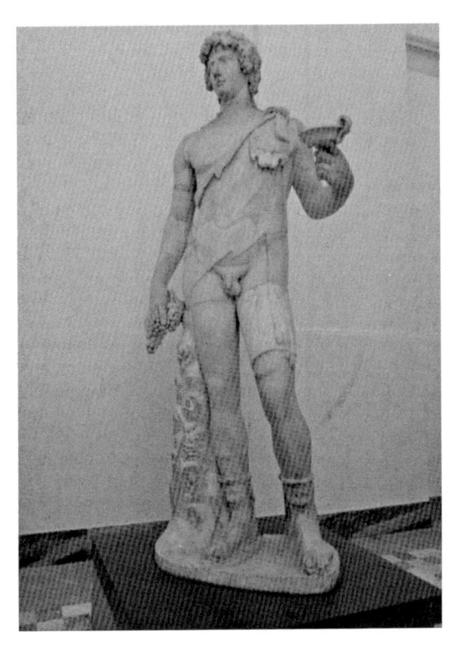

▲奧林匹斯山酒神巴克斯

僅含一個羥基者稱爲一元醇，例如1-丁醇及3-甲基-2-戊醇。含二個以上羥基者稱爲多元醇：乙二醇（俗稱水精）爲二元醇，可用作抗凍劑。丙三醇（俗稱甘油）爲三元醇，常添加於牙膏或潤膚保溼劑。

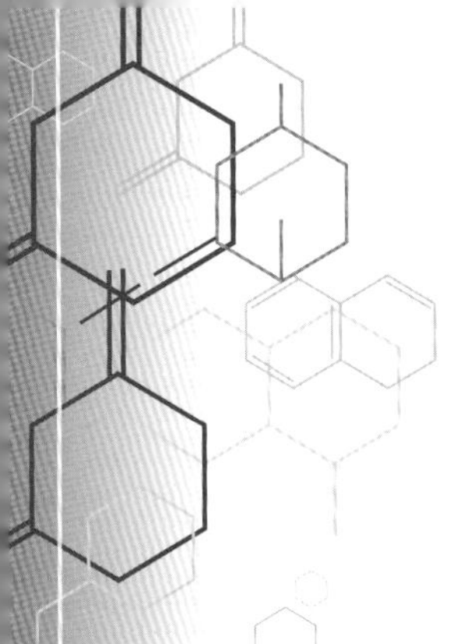

$CH_3CH_2CH_2CH_2{-}OH$

▲ 1- 丁醇

（一元醇）

$$\begin{array}{ccccccccc} & & H & & H & & OH & & \\ & & | & & | & & | & & \\ H_3C & - & C & - & C & - & CH & - & CH_3 \\ & & | & & | & & & & \\ & & H & & CH_3 & & & & \end{array}$$

▲ 3- 甲基 -2- 戊醇

（一元醇）

$$\begin{array}{ccc} H_2C & - & CH_2 \\ | & & | \\ OH & & OH \end{array}$$

▲乙二醇

（二元醇）

$$\begin{array}{ccccc} & & H & & \\ & & | & & \\ H_2C & - & C & - & CH_2 \\ | & & | & & | \\ OH & & OH & & OH \end{array}$$

▲丙三醇

（三元醇）

醇依據連接羥基的碳原子周圍所連接的碳原子數，可分為一級醇（1°醇）、二級醇（2°醇）及三級醇（3°醇）：

1. 與羥基相連的碳，僅與一個碳連接時，此類醇稱為一級醇，如1-丙醇。
2. 與羥基相連的碳，與二個碳連接，則稱為二級醇，如2-丁醇。
3. 與羥基相連的碳，與三個碳連接，則稱為三級醇，如2-甲基-2-丙醇。

$CH_3CH_2CH_2{-}OH$

▲ 1- 丙醇

一級醇（1° 醇）

$$\begin{array}{ccccc} & & H & & \\ & & | & & \\ H_3C & - & C & - & CH_2CH_3 \\ & & | & & \\ & & OH & & \end{array}$$

▲ 2- 丁醇

二級醇（2° 醇）

$$\begin{array}{ccccc} & & CH_3 & & \\ & & | & & \\ H_2C & - & C & - & OH \\ & & | & & \\ & & CH_3 & & \end{array}$$

▲ 2- 甲基 -2- 丙醇

三級醇（3° 醇）

一級醇和二級醇可與二鉻酸鉀酸性溶液反應，三級醇則不反應：

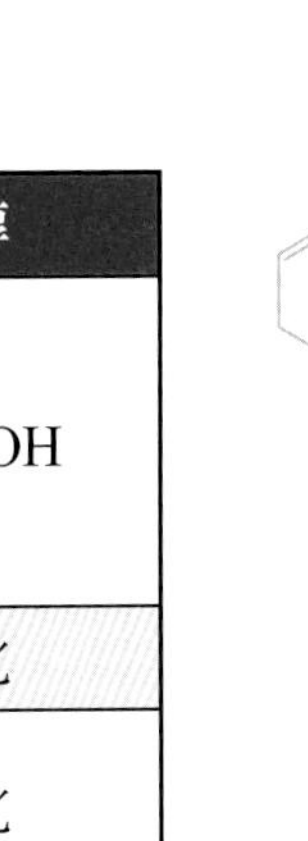

	一級醇	二級醇	三級醇
結構	H | R—C—OH | H	R' | R—C—OH | H	R' | R—C—OH | R"
被氧化的產物	醛或酸	酮	不氧化
與二鉻酸根反應（$Cr_2O_7$2-）	綠色（Cr^{3+}）	綠色	不氧化

醇類具有羥基（—OH），其C—O鍵結與O—H均爲極性共價鍵，所以醇類爲極性分子，也是醇類最爲重要的物理性質。由於醇類具有極性，液態環境下可藉由氫鍵（註6）產生分子吸引力，所以醇類比起烷類、烯類、炔類等非極性分子更容易溶於水中，不過隨著分子量的增加，其溶解度會慢慢降低。

（註6）氫鍵爲分子作用力的一種，可分爲分子內作用力及分子間作用力，其鍵能約 5～200 kJ/mol.，較一般的共價鍵、離子鍵、金屬鍵來的小。爲生物體內蛋白質及核酸二、三、四級 結構的主要穩定力。

常見氫鍵的平均鍵能數據爲：

F—H ⋯ :F （155 kJ/mol）

O—H ⋯ :N （29 kJ/mol）

O—H ⋯ :O （21 kJ/mol）

N—H ⋯ :N （13 kJ/mol）

N—H ⋯ :O （8 kJ/mol）

HO—H ⋯ :OH_3^+ （18 kJ/mol）

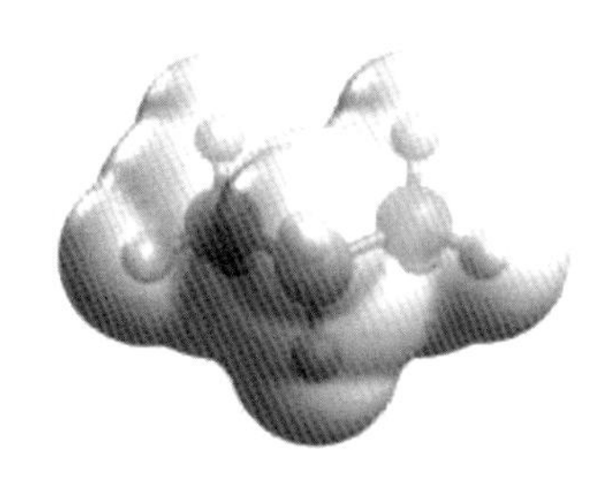

▲丙烷分子不具有極性不溶於水

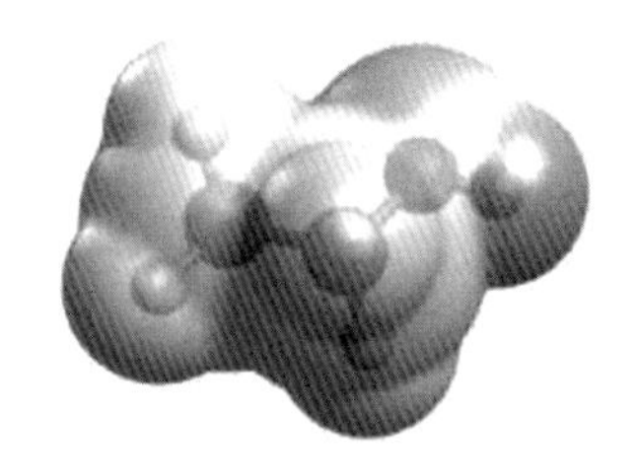

▲乙醇分子具有極性易溶於水

由於醇類具有分子內氫鍵，其沸點較相似分子量的烷類較高。一分子內若具有數個羥基（—OH），則沸點因氫鍵多而增減；醇類也會受到分散力影響，隨著分子量增加沸點也跟著增加。

化學式	名稱	分子量	沸點（℃）	溶解度（g/100 mL）
CH_3CH_2OH	乙醇	46	65	∞
$CH_3CH_2CH_3$	丙烷	44	-89	×
$CH_3CH_2CH_2OH$	1- 丙醇	60	78	∞
$CH_3CH_2CH_2CH_3$	丁烷	58	-42	×
$CH_3CH_2CH_2CH_2OH$	1- 丁醇	74	97	8
$CH_3CH_2CH_2CH_2CH_3$	戊烷	72	0	×
$CH_3CH_2CH_2CH_2CH_2OH$	1- 戊醇	88	138	2.3
$CH_3CH_2CH_2CH_2CH_2CH_3$	己烷	86	69	×

▲相似分子量烷類與醇類之比較

醇類沸點較烷類爲高，醇類沸點隨分子量增加上升；溶解度隨分子量增加而減少

醇類可作爲良好溶劑，在工業、醫療和民生用途上被大量使用，工業使用大量甲醇作爲酒精燃料；乙醇則廣泛被用來做爲酒精飲料等民生用途。雖然乙醇毒性較低，但短時間內大量飲用醇類會引起急性酒精中毒，不肖業者使用甲醇製造假酒，不小心飲用甲醇則可能導致中毒及失明等症狀（註7）。

醇類具有羥基（—OH），其p*K*a介於15～19之間，同時具有弱酸及弱鹼性。醇類可與強鹼作用產生醇鹽，進行氧化反應可製備醛、酮與酸類化合物，進行脫水反應可產生烴類，與羧酸類進行酯化反應可製備酯類。

二、酚與醚

酚（phenol）與醇都具有羥基，但酚的羥基接在苯環上；若沒有直接連接在苯環上，則屬於醇，如苯甲醇。最簡單的酚爲苯酚（C_6H_5OH，亦稱石炭酸），$Ka = 1.6 \times 10^{-10}$，可以被氫氧化鈉中和。

（註7）醇類進入生物體內，會經由肝臟代謝爲醛類及酸類，和卵磷脂結合產生神經抑制作用。甲醇進入生物體內，經代謝產生甲醛（毒性爲甲醇33倍）及甲酸（毒性爲甲醇6倍），造成中樞神經系統抑制作用、酸中毒、視神經永久損傷。飲用10 mL甲醇即可造成永久失明、30 mL甲醇嚴重可導致生物體死亡。飲用乙醇可與甲醇競爭肝臟內代謝酵素產生解毒效果。

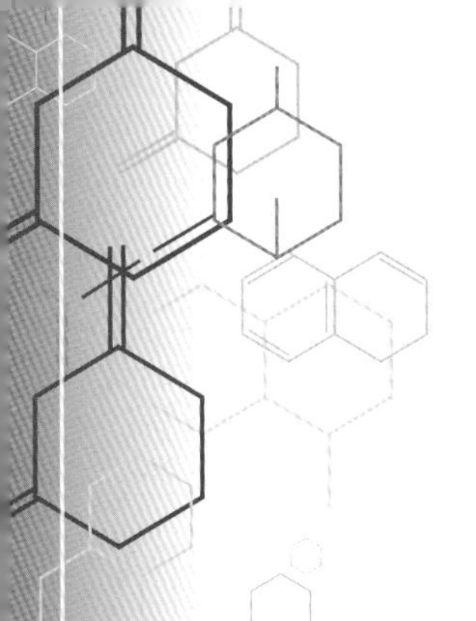

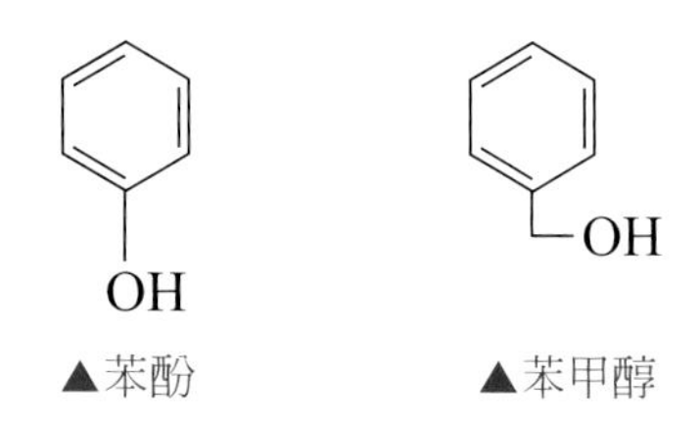

▲苯酚　▲苯甲醇

醇的官能基-OH的氫被烷基取代的化合物稱爲「醚（ether）」，通式爲R-O-R'，官能基爲C-O-C，稱爲烷氧基。根據官能基所連接的兩個烴基命名，成爲「某某醚」或「二某醚」，簡稱「某醚」。但兩個烴基不一定相同，稱爲「某基某基醚」。如甲醚、乙醚、甲乙醚、苯甲醚等。

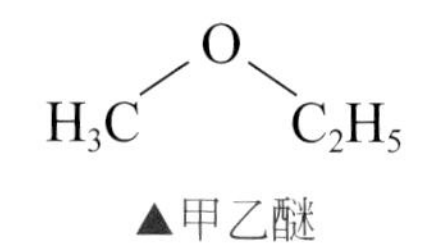

▲甲乙醚

醚爲極性分子，但極性比醇低，可與多數有機溶劑互溶，對水的溶解度隨C數增加而降低。密度比水小，熔沸點低於醇。沸點比同碳數醇低，有揮發性易著火，化性不活潑。

乙醚爲無色揮發性液體，有特殊氣味，常做溶劑與外科用麻醉劑。

範例 2-5

下列有關醇、酚及醚的敘述，何者正確？

(A) 乙醇、苯酚均能與氫氧化鈉反應

(B) 醚類分子因對稱性高，皆爲非極性分子

(C) 乙醚的化學式爲CH_3OCH_3，在常溫下極易揮發，其蒸氣容易著火

(D) 乙二醇又稱甘油，易溶於水，廣泛用於化妝品及皮膚的潤溼劑

(E) 苯酚具有殺菌作用。

解析

答案：(E)

(A)乙醇不與氫氧化鈉反應。

(B)醚類分子具有極性。

(C)乙醚的化學式為$C_2H_5OC_2H_5$。

(D)甘油為丙三醇。

線上課堂講解／原子團種類

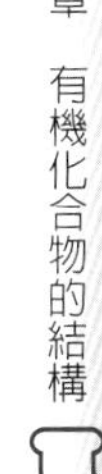

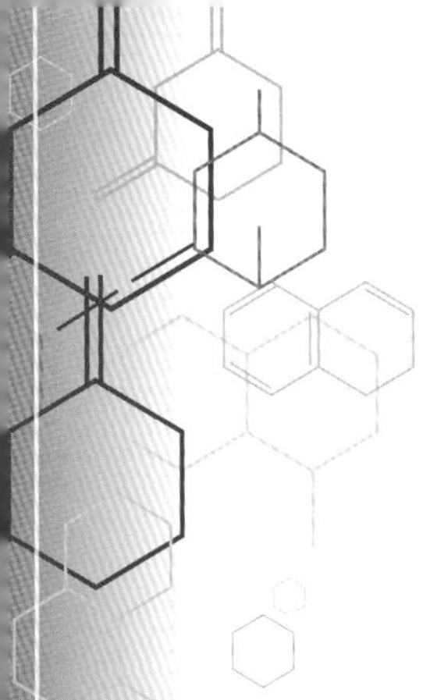

三、醛與酮

含有羰基（$\overset{|}{\underset{|}{C}}=O$）的有機物，稱為「羰基化合物」，如醛類aldehyde、酮類ketone。醛、酮互為同分異構物，其通式為R－CHO與R－CO－R'。命名與醇相似，碳的編號由官能基開始，但醛基一定為第一號碳，故不須標明醛基位置，稱為「某醛」。酮基則須標明位置。

$\overset{4}{C}H_3-\overset{3}{C}H_2-\overset{2}{C}H_2-\overset{1}{C}(=O)-H$

▲丁醛

$\overset{5}{H_3C}-\overset{4}{CH_2}-\overset{3}{CH_2}-\overset{2}{CH}(CH_3)-\overset{1}{C}(=O)-H$

▲ 2- 甲基戊醛

$\overset{3}{CH_2}(Cl)-\overset{2}{CH}(Cl)-\overset{1}{C}(=O)-H$

▲ 2,3- 二氯丙醛

$H_3C-C(=O)-CH_3$

▲丙酮

$\overset{4}{H_3C}-\overset{3}{CH_2}-\overset{2}{C}(=O)-\overset{1}{CH_3}$

▲ 2- 丁酮

$\overset{4}{H_3C}-\overset{3}{CH}(CH_3)-\overset{2}{C}(=O)-\overset{1}{CH_3}$

▲ 3- 甲基 -2- 丁酮

醛與酮為極性分子，常溫下甲醛為氣體，其餘醛酮均為液體。沸點較同碳數之烷類及醚類高但比具有氫鍵的酸或醇低。低碳數的醛、酮可溶於水；醛可被氧化為羧酸，酮則否。

通常利用多侖試劑來檢驗醛與酮，其成分為硝酸銀與氨水，與醛反應生成金屬銀附著於器壁，形成閃亮的銀鏡，故稱為銀鏡反應（silver mirror reaction）。利用類似反應，可以像電鍍一樣將銀覆蓋在非導體上，因此為一種無電電鍍（electroless plating）或化學浸鍍（chemical plating）。

$RCHO(l) + 2[Ag(NH_3)_2]^+(aq) + 3OH^-(aq) \rightarrow RCOO^-(aq) + 2Ag(s) + 2H_2O(l) + 4NH_3(aq)$

甲醛（HCHO）是最簡單的醛類，俗稱福馬林（formalin）。極易溶於水，爲無色有刺激性臭味的氣體，會致癌。市售的福馬林爲約37%的甲醛水溶液，可作爲防腐劑或消毒劑也可用爲樹脂或塑膠或膠合絕緣材料。苯甲醛C_6H_5CHO：具櫻桃香味可做爲香料。

丙酮（CH_3COCH_3）爲無色、具有芳香，易揮發的液體（沸點56.3℃）。可溶於水，亦可溶解於有機溶劑，爲常用的有機溶劑，可溶解油漆、人造絲、賽璐珞等有機化合物。

範例 2-6

下列對醛的敘述，何者正確？

(A)甲醇 $\xrightarrow[\text{氧化}]{Cu + O_2}$ 甲醛

(B)甲醛俗稱福馬林，可作防腐劑

(C)常溫下均爲液體

(D)乙炔（H—C≡C—H）水解可製得甲醛

解析

答案：(A)

(B)甲醛的水溶液俗稱福馬林。

(C)甲醛為液體

(D)僅乙醛可由乙炔水解製備。

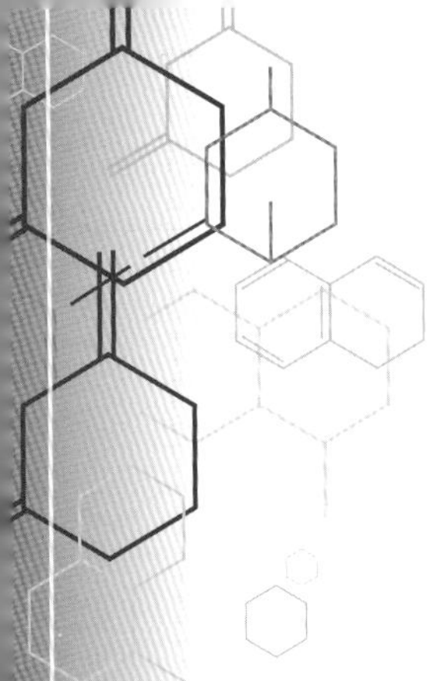

範例 2-7

下列有關醇類製備酮類的敘述，何者正確？

(A) 1-丙醇氧化可製得丙酮

(B) 2-丙醇氧化可製得丙酮

(C) 2-甲基-2-丙醇氧化可製得丙酮

(D) 1-丙醇與熱銅催化劑反應可氧化製得丙酮。

解析

答案：(B)

(A)(D)1-丙醇氧化可得丙醛。

(C)2-甲基-2-丙醇為3°醇，不能氧化。

四、羧酸、酯

有機分子中含有羧基（$-\overset{\overset{\large O}{\|}}{C}-OH$）者，稱爲「有機酸類（carboxylic acid）」，爲羰基與—OH基結合。而羧基的H被烴基取代即形成酯類ester，兩者碳數相同則爲同分異構物。

羧酸命名是將碳的編號由羧基開始，與醇相似，主鏈名稱改爲「某酸」。不必標示官能基位置。

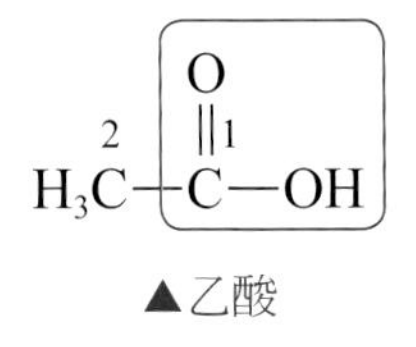

▲乙酸

酯與醯胺皆可視為羧酸衍生物，羧酸中的－OH被－X、－OR、－OCOR及$-NH_2$取代，可依序得到羧酸衍生物醯鹵、酯、酸酐（acid anhydride）及醯胺。

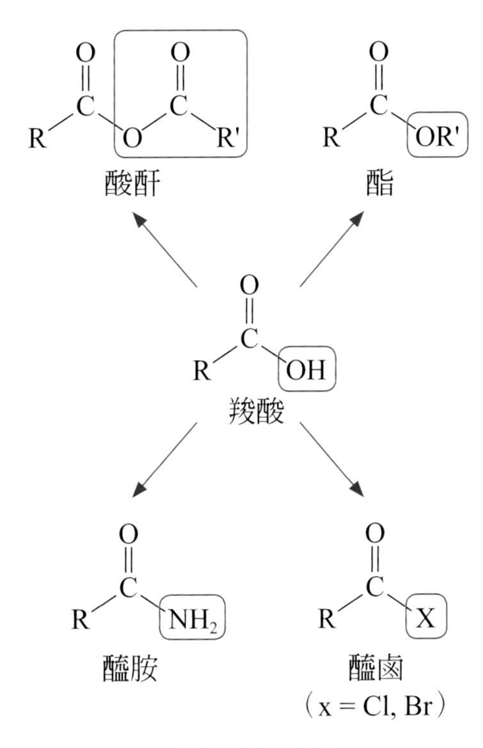

▲羧酸與其衍生物

利用濃硫酸當催化劑，羧酸與醇反應生成酯與水，稱為「酯化反應」。相反的，酯經由水解反應則可得到羧酸與醇。

$$\underset{\text{羧酸}}{R-\overset{\overset{\large O}{\|}}{C}-O-H} + \underset{\text{醇}}{H-O-R'} \underset{\text{水解}}{\overset{H^+\text{（酯化）}}{\rightleftharpoons}} \underset{\text{酯}}{R-\overset{\overset{\large O}{\|}}{C}-O-R'} + H_2O$$

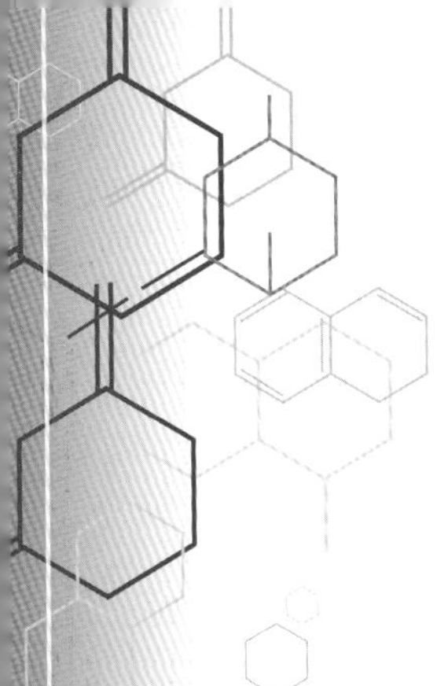

羧酸在濃硫酸催化下，會脫水形成「酸酐」，酸酐可視爲羧酸衍生物，其水解則可得到羧酸。

$$\underset{\text{羧酸}}{R-\overset{\overset{\displaystyle O}{\|}}{C}-OH} + \underset{\text{羧酸}}{OH-\overset{\overset{\displaystyle O}{\|}}{C}-R'} \underset{\text{水解}}{\overset{H_2SO_4}{\rightleftharpoons}} \underset{\text{酸酐}}{R-\overset{\overset{\displaystyle O}{\|}}{C}-O-\overset{\overset{\displaystyle O}{\|}}{C}-R'} + \underset{\text{水}}{H_2O}$$

碳數少的酸易溶於水，呈弱酸性，沸點比同碳數醇類高。

甲酸爲無色具有刺激性臭味的液體，因在螞蟻和蜜蜂的分泌液中含有甲酸，故甲酸俗稱蟻酸。甲酸具有醛的特性，有還原力，在工業上可作爲橡膠乳汁的凝固劑。乙酸俗稱醋酸，爲食醋的主要成份（約含5%），爲具有強烈刺激性氣味的液體，醋酸含水量在1%以下者在冬季容易凍結（凝固點17℃）成冰狀固體稱爲「冰醋酸」（市售的冰醋酸含醋酸99.5%，17.4 M）。亦可用於樹脂與乙酸纖維素等用途。乙二酸$H_2C_2O_4$：爲二元酸，常見於植物中，俗稱「草酸」。苯甲酸：俗稱安息香酸，爲白色晶體，能昇華，有防腐作用。苯甲酸鈉溶於水，常用爲食物防腐劑，可作爲醬油的添加物。鄰羥基苯甲酸俗名「水揚酸」或「柳酸」，將柳酸與乙酐反應，即得「乙醯柳酸」即爲「阿斯匹靈」，爲常用鎮痛解熱劑。羧酸分子間易形成氫鍵，在苯等非極性溶劑中會形成二聚物（dimer）。

$$2H_3C-C(=O)-O-H \rightleftharpoons H_3C-C\begin{matrix} =O\cdots\cdots H-O \\ -O-H\cdots\cdots O \end{matrix}C-CH_3$$

氫鍵

二聚物

酯的命名法係由其反應物的酸及醇之名稱演繹而成為「某酸某酯」。

酯為重要的有機物，低分子量的酸與醇所形成的酯，具有香味且揮發性大，常用作香料及人造調味品，並且為優良溶劑。分子間不形成氫鍵，故沸點、熔點都較同分子式的酸低，沸點與分子量大約相等的醛、酮相近。難溶於水，比重小於水，為中性物質。

俗稱的「香蕉油」為乙酸戊酯。

脂肪是甘油（丙三醇）和脂肪酸酯化而得的三酸甘油酯。人體三酸甘油酯數值是評估心臟健康的重要依據，血液中正常值為25～150 mg／100 mL，過高會增加罹患心血管疾病的風險。

$$\begin{array}{lcl}
H_2C-\boxed{OH\quad HO}-\overset{\overset{O}{\|}}{C}-R & & H_2C-O-\overset{\overset{O}{\|}}{C}-R \\
\quad | & & \quad | \\
HC-\boxed{OH + HO}-\overset{\overset{O}{\|}}{C}-R' & \xrightarrow[\text{酯化}]{\text{催化劑}} & HC-O-\overset{\overset{O}{\|}}{C}-R' + \boxed{2H_2O} \\
\quad | & & \quad | \\
H_2C-\boxed{OH\quad HO}-\overset{\overset{O}{\|}}{C}-R'' & & H_2C-O-\overset{\overset{O}{\|}}{C}-R''
\end{array}$$

甘油（丙三醇）　脂肪酸　　　三酸甘油酯（脂肪）

有關脂肪：

1. 構成脂肪的羧酸稱為「脂肪酸」，為碳數10～20的直鏈有機酸，一般碳數為偶數。
2. 碳鏈中含雙鍵者稱為「不飽和脂肪酸」，均為單鍵者稱為飽和脂肪酸。

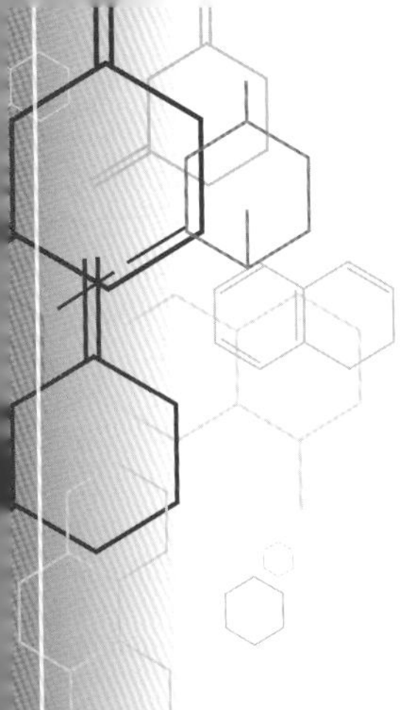

3. 一般而言，植物性油脂水解可得到較多不飽和脂肪酸，動物性油脂水解可得到較多飽和脂肪酸。
4. 不飽和脂肪容易被氧化且不耐高溫烹調，故食品工業採用氫化反應，使植物油中部分的不飽和脂肪轉爲飽和脂肪，以增加其穩定性。但不完全氫化過程會產生反式脂肪，反式脂肪比飽和脂肪更容易增加心血管疾病的發生機率。

脂肪在鹼性溶液中進行水解反應稱爲「皀化反應（saponification reaction）」，產生脂肪酸鹽（肥皀）與甘油。

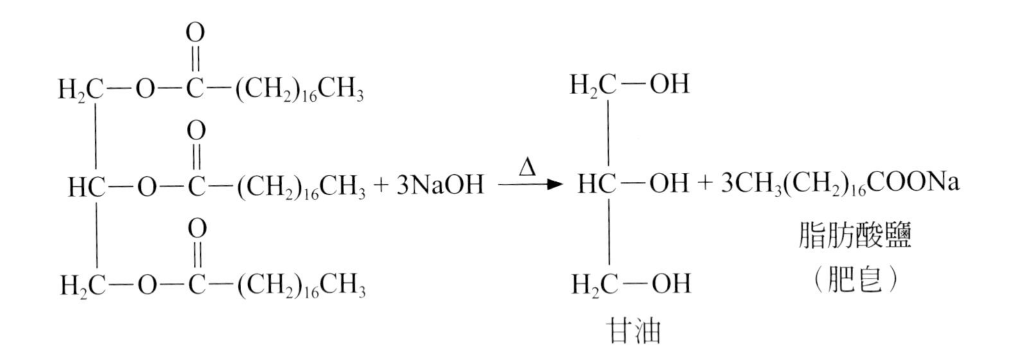

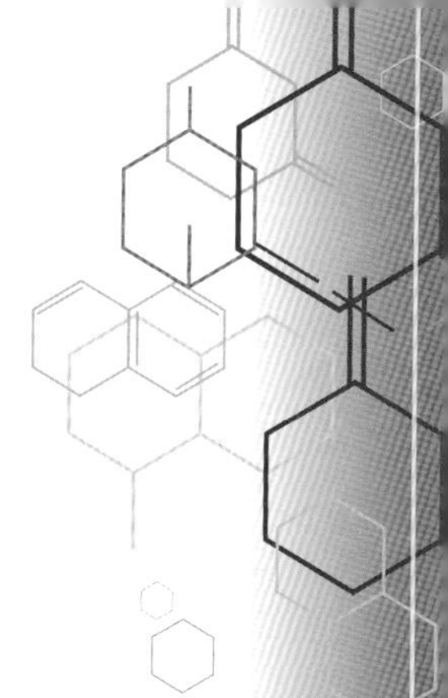

範例 2-8

下列化合物中，何者爲乙酐？

(A) $\underset{OH}{\underset{|}{CH_2}}-\underset{OH}{\underset{|}{CH_2}}$

(B) $H_3C-\overset{O}{\overset{\|}{C}}-O-\overset{O}{\overset{\|}{C}}-CH_3$

(C) $HO-\overset{O}{\overset{\|}{C}}-\overset{O}{\overset{\|}{C}}-OH$

(D) $H-O-\overset{O}{\overset{\|}{C}}-O-H$

(E) $HO-\overset{O}{\overset{\|}{C}}-\underset{OH}{\underset{|}{CH}}-\underset{OH}{\underset{|}{CH}}-\overset{O}{\overset{\|}{C}}-OH$

解析

答案：(B)

乙酸脫水為乙酐。

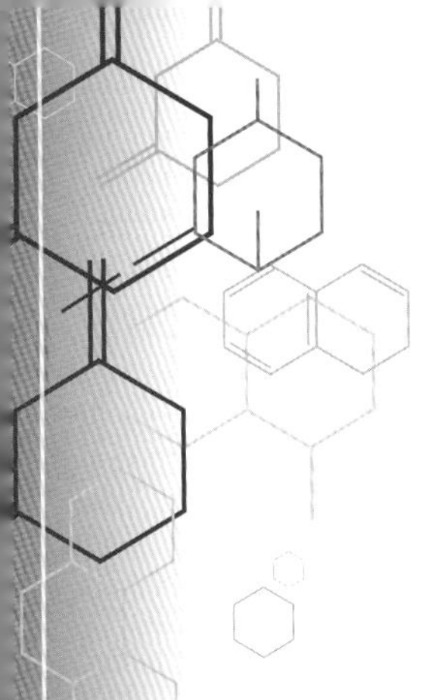

範例 2-9

哈密瓜的獨特香味來自乙酸異丁酯，則下列何者為此化合物的示性式？

(A) $CH_3COOCH_2CH(CH_3)_2$

(B) $CH_3COOC(CH_3)_3$

(C) $HCOOCH(CH_3)CH_2CH_3$

(D) $CH_3COOCH(CH_3)CH_2CH_3$

(E) $HCOOC(CH_3)_3$。

解析

答案：(A)

(B)乙酸三級丁酯。(C)甲酸二級丁酯。(D)乙酸二級丁酯。(E)甲酸三級丁酯。

五、胺（amine）與醯胺（amide）

胺與醯胺兩者均為常見的含氮有機物。

（一）胺

氨的氫原子被烴基取代，通式為$R\text{-}NH_2$。簡單胺的俗名是將連接 N 原子的烷基加在主名胺之前來命名，如甲胺、二甲胺及三甲胺。胺的系統命名類似醇，N 原子上除了主鏈外，尚有烷基取代則以「 N-烷基」表示，而主名為某胺，如：3-甲基-1-丁胺、N-甲基乙胺、N,N-二甲基乙胺及苯胺。

$$H_3C-\underset{\underset{H}{|}}{N}-H \qquad H_3C-\underset{\underset{CH_3}{|}}{N}-H \qquad H_3C-\underset{\underset{CH_3}{|}}{N}-CH_3$$

▲甲胺　▲二甲胺　▲三甲胺

$$H_3C-\underset{\underset{CH_3}{|}}{CH}-CH_2-CH_2-NH_2 \qquad H_3C-\underset{\underset{H_3}{|}}{N}-CH_2CH_3 \qquad H_3C-\underset{\underset{CH_3}{|}}{N}-CH_2CH_3$$

NH$_2$ (苯環)

▲ 3- 甲基 -1- 丁胺　▲ *N*- 甲基乙胺　▲ *N,N*- 二甲基乙胺　▲苯胺

1. 第一胺（1°胺）：氮原子上只連接一個R（烷基或芳香基）者，通式：RNH_2，如甲胺。
2. 第二胺（2°胺）：氮原子上連接二個R者，通式：R_2NH如二甲胺。
3. 第三胺（3°胺）：氮原子上連接三個R者，通式：R_3N（R_3N無氫鍵）如三甲胺。

甲胺與乙胺似NH_3的臭味，碳數較多的烷基胺具魚腥味。除3°胺外，胺類有氫鍵，故胺類的沸點較同分子量的烷、醚高，但其氫鍵比醇類弱（因爲N的電負度小於0），所以沸點低於同分子量的醇。可與水形成氫鍵，故低級胺類對水溶解度大；胺類性質似於氨，水溶液呈弱鹼性，易溶於酸中。胺的孤對電子與氨分子相同，皆可接受H^+。

苯胺（$C_6H_5NH_2$）爲具有特殊臭味的液體，久置於空氣中逐漸氧化呈褐色。難溶於水，但溶於鹽酸；水溶液呈鹼性，其鹼性較氨小。苯胺及其他芳香胺爲工業上重要之原料，可以製造許多藥物、染料、及其他有用之化合物，如乙醯胺苯、磺胺類藥物。許多自然界中的有機鹼如咖啡因等即屬此類。

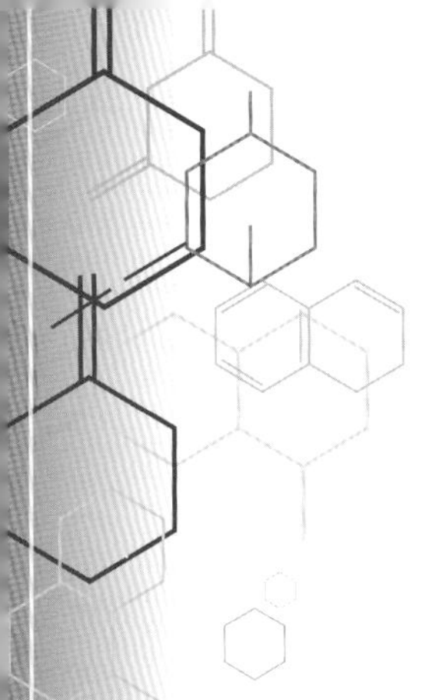

（二）醯胺

羧酸中的羥基被胺基取代者，稱爲「醯胺類」。將醯氯、酯、酸酐與氨、一級胺、二級胺反應皆可製得醯胺。醯胺的結構中含有醯基（$R-\overset{\overset{\displaystyle O}{\|}}{C}-$）及胺基（$-NH_2$），其通式爲：$R-\overset{\overset{\displaystyle O}{\|}}{C}-NH_2$。命名法與酸類似，主鏈名稱改爲醯胺，如：$H-\overset{\overset{\displaystyle O}{\|}}{C}-NH_2$　$CH_3-\overset{\overset{\displaystyle O}{\|}}{C}-NH_2$。若胺基（$-NH_2$）上的氫被烴取代基（R）取代，則爲 $R-\overset{\overset{\displaystyle O}{\|}}{C}-NHR'$ 或 $R-\overset{\overset{\displaystyle O}{\|}}{C}-NR_2'$，命名法爲在主鏈名稱前加註「N-取代基某醯胺」，如：$CH_3-\overset{\overset{\displaystyle O}{\|}}{C}-\underset{\underset{\displaystyle H}{|}}{N}-CH_3$

$$CH_3-\overset{\overset{\displaystyle O}{\|}}{C}-N\begin{matrix}\diagup CH_3\\ \diagdown CH_3\end{matrix}$$

除甲醯胺爲液體外，餘皆爲無色固體。因生成許多氫鍵，故沸點相當高。低級醯胺可與水形成氫鍵，故易溶於水，水溶液接近中性。醯胺中的 $-\overset{\overset{\displaystyle O}{\|}}{C}-\overset{\overset{\displaystyle H}{|}}{N}-$ 稱爲醯胺鍵或肽鍵，爲蛋白質長鏈分子的基本結構。醯胺與稀鹽酸或稀氫氧化鈉水溶液加熱後會水解；利用在鹼性溶液中加熱水解後，會釋出氨氣，可以用來檢驗醯胺。

$$CH_3CONH_{2(s)} + NaOH_{(aq)} \rightarrow CH_3COONa_{(s)} + NH_{3(aq)}$$

尿素爲碳酸的二醯胺衍生物，學名爲碳酸二胺或碳醯胺，是生物代謝產物，可做爲肥料或化工原料。$H_2N-\overset{\overset{\Large O}{\|}}{C}-NH_2$

乙醯胺苯 $\langle\bigcirc\rangle-\overset{\overset{\large H}{\|}}{N}-\overset{\overset{\large O}{\|}}{C}-CH_9$ 爲有機合成之中間產物，在醫藥上作爲鎮痛劑；乙醯胺苯再經一系列反應，可以合成對胺苯磺醯胺，簡稱磺胺 $H_2N-\langle\bigcirc\rangle-SO_2NH_2$，係爲有效的消炎劑。

範例 2-10

關於附圖甲、乙兩化合物的敘述與比較，下列何者錯誤？

$$H_3C-\underset{\underset{\large OH}{|}}{\overset{\overset{\large CH_3}{|}}{C}}-CH_3 \qquad H_3C-\underset{\underset{\large NH_2}{|}}{\overset{\overset{\large CH_3}{|}}{C}}-CH_3$$

▲甲　　▲乙

(A) 甲爲三級醇

(B) 乙爲三級胺

(C) 沸點：甲＞乙

(D) 甲可和酸反應生成酯

(E) 乙的俗名爲三級丁胺。

解析

答案：(B)

(B) 乙為一級胺。

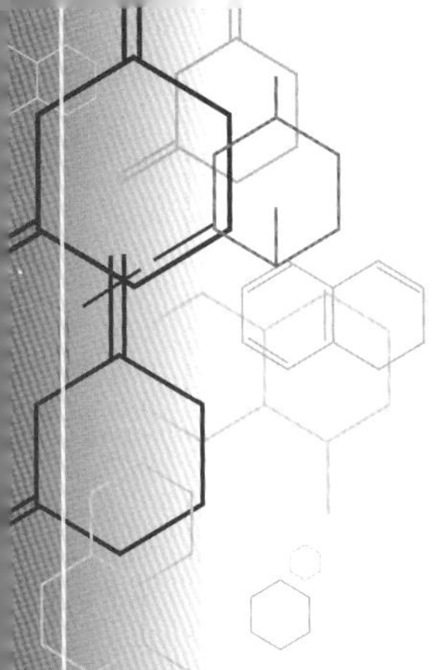

範例 2-11

下列有關醯胺的敘述，哪些正確？

(A) 醯胺分子間有氫鍵，熔、沸點比同分子量之其他化合物高

(B) 醯胺鍵 $-\overset{\overset{O}{\|}}{C}-\overset{\overset{H}{\|}}{N}-$ 的碳以sp^3混成軌域鍵結

(C) 酯類與氨反應可得醯胺及醇類

(D) 最簡單之醯胺化合物爲乙醯胺，極易溶於水

(E) 苯胺和乙酐反應可得乙醯胺苯及乙酸。

解析

答案：(A)(C)(E)

(B) 醯胺鍵的碳以sp^2混成軌域鍵結。

(D) 最簡單之醯胺化合物為甲醯胺 $H-\overset{\overset{O}{\|}}{C}-NH_2$

(E) $H_2N-C_6H_5 + (CH_3CO)_2O \rightarrow H_3C-\overset{\overset{O}{\|}}{C}-\overset{\overset{H}{\|}}{N}-C_6H_5 + CH_3COOH$

本章學習重點

1. 碳原子的結合能力強大，除了可以和氫、氧、氮、硫、磷等原子結合外，亦可和自身結合形成碳環與碳鏈，再加上同分異構現象，使得有機化合物的數量遠遠大於無機化合物，可達近億種。
2. 有機化合物的性質由原子組成種類、數目與排列方式決定。
3. 有機化合物的化學式通常都會將特殊的「官能基」表示出來。
4. 飽和烴為碳原子以單鍵相連接，不飽和烴為碳原子以雙鍵（烯類）或參鍵（炔類）相連接者，脂環烴為不含苯環的環狀烴類，脂肪烴除了芳香烴外的所有烴類，芳香烴為含有苯環之烴類。
5. 最常見有機化合物：
   (1) 烴類：僅由碳、氫原子組合而成的有機化合物。
   (2) 醇類：具有羥基（—OH）的有機化合物。
   (3) 酚類：具有苯環及羥基（—OH）的有機化合物。
   (4) 醚類：具有醚基（—O—）的有機化合物。
   (5) 醛類：具有羰基（>C=O）且碳原子與一個氫原子組成的有機化合物。
   (6) 酮類：具有羰基（>C=O）且碳原子與一個烴基組成的有機化合物。
   (7) 羧酸類：具有羧基（—COOH）的有機化合物。
   (8) 酯類：具有酯基（—COO）且氧原子上與一個烴基組合成的有機化合物。

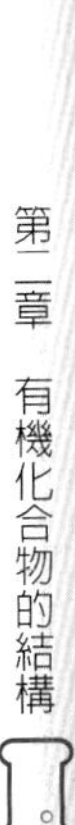

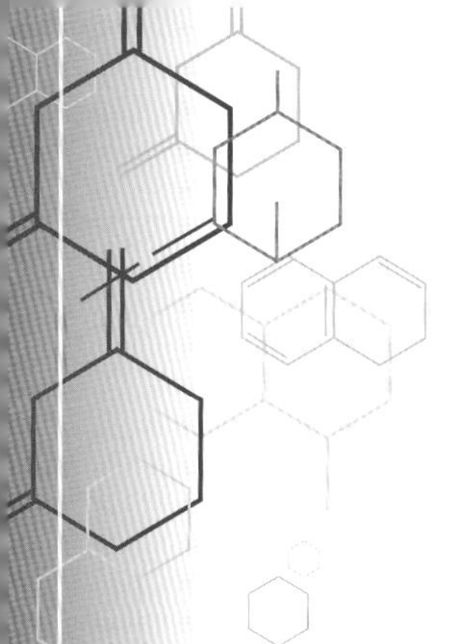

(9) 胺類：具有胺基（$-NH_2$）的有機化合物。

(10) 醯胺類：同時具有羰基（$>C=O$）與胺基（$-NH_2$）的有機化合物。

6. IUPAC命名法是一種有系統命名有機化合物的方法。在理想情況下，有機化合物依照官能基或結構的不同，其命名會因為種類而不盡相同。中文命名的寫法公式為：

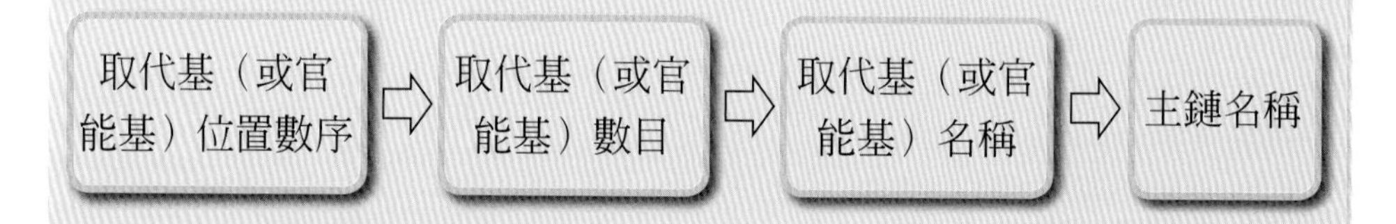

7. 同分異構物是指：化合物具有相同的分子式，但其結構式不同。根據原子在空間位置的不同，可以分為結構異構物及立體異構物。

學習上應注意事項與容易犯下的錯誤

1. 甲烷（CH_4）為可燃性氣體且難溶於水，而乙醇（CH_3CH_2OH）於常溫下為液體且易溶於水，兩者均為有機化合物，因原子組成種類和數目而產生差別。另外，甲醚（CH_3OCH_3）與乙醇（CH_3CH_2OH）為同分異構物，其原子組成與數目均相同，但因原子排列方式造成結構不同，造成彼此性質產生極大差異，甲醚沸點低常溫下為氣態；乙醇沸點較高常溫下為液態。
2. 具有雙鍵及環狀的化合物因分子自由旋轉受阻，而產生順式（*cis*）與反式（*trans*）兩種異構體，其物理性質和化學性質也有所不同。
3. 分散力起因於瞬時間，電子密度分布不均勻而產生的暫時誘導偶極吸引力，為弱靜電吸引力，為最弱之分子吸引力（0.08-8kJ/mol）。可解釋非極性物質於低溫下液化之現象。
4. 角張力：來自於環狀結構上的碳原子，為了追求混成軌域的最佳理想角度，而扭曲環，創造出最符合理想的鍵角。
5. 依照羥基（—OH）所連接碳的級數可分為：一級醇（伯醇）、二級醇（仲醇）、三級醇（叔醇），依照連接羥基（—OH）的數目可分成：二醇（含有兩個羥基）、三醇（含有三個羥基）。

有機化合物的化學反應與聚合物

本章導讀

早期的有機反應，包括有機燃料的燃燒反應，以及製造肥皂所用的皂化反應。當今有機反應已愈發複雜。而絕大多數的有機反應都以發現者的名字命名，因此很多有機反應也被稱爲人名反應。

有機反應是有機合成的基礎，幾種基本反應類型爲：加成反應、脫去反應、取代反應、縮合反應、聚合反應、有機氧化還原反應和異構化。

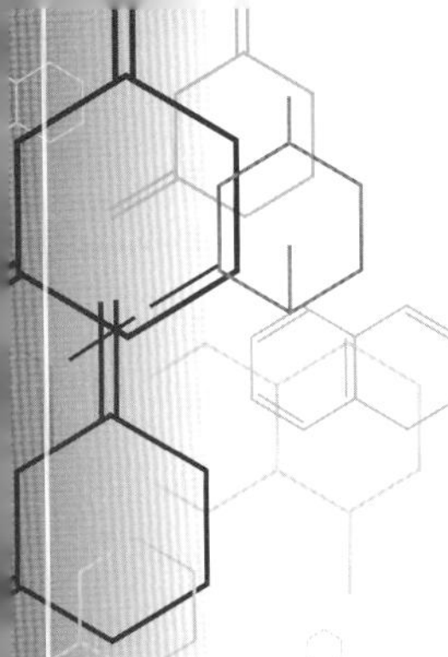

學習概念圖

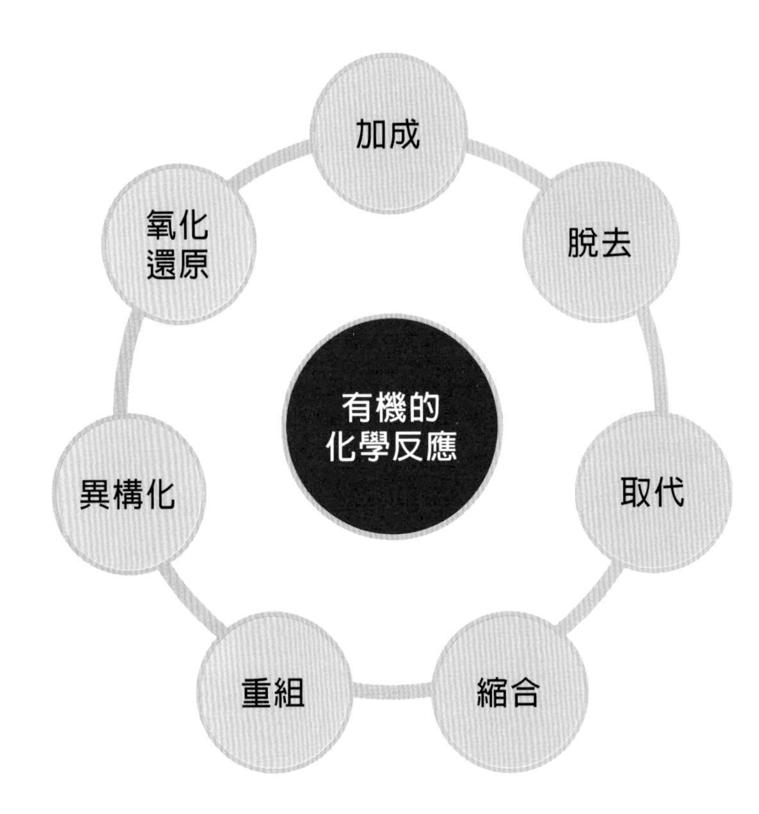

話說前章薇薇與崇愷在抬槓「帥」字怎麼寫的時候，大為老師瞥見一旁的小星星同學專注在聽著兩位同學的對話，表情甚是熱切。

「小星星怎麼了？」大為老師問，薇薇與崇愷停止了對話，一齊望向小星星。

大家一下子把話題轉向自己，小星星嚇了一跳，「沒事沒事。」看起來有點慌張尷尬的她，站起身就想離開。才走到教室門口，卻忽然停下腳步，停了一下，回頭對大為老師說：「老師，1+1，一定會等於2嗎？」

大為老師想了一下，因為天熱，額頭微微滲油造成的閃光讓人有點無法逼視，果然「化學的太陽神」名不虛傳。老師用食指提了一下眼鏡說道：「1+1可能會等於2，但有時候會小於2，也有可能1不是原本的1，又或者原本的一個1少了0.1之後再與另外一個1相加。」看見小星星的雙眼閃耀著光芒，大為老師知道自己的回答正中她的心底，心裡嘆了口氣，繼續說道，「還有一個情形，其中一個1，心裡想的是與另外一個1來相加等於2，而不是想要現在這個2的答案……」，這個時候，老師向前走了幾步，向小星星說：「我的回答中，有你要的答案嗎？」

小星星眼淚一下子滑出了眼角，咬了下嘴唇，輕輕點了頭。接著轉身，手握著門上把手，卻沒有轉動。她回頭對大為老師說，「那麼，哪個答案比較好呢？」

「只要是正確答案，都是好答案！」大為老師慈祥地對小星星說，「人生本來就沒有標準答案，就是因為大家太急於想要標準答案，才會覺得辛苦。」

小星星若有所思，「我知道了，謝謝老師！」

看著打開教室的門，低著頭走出教室的小星星，薇薇對大為老師說：

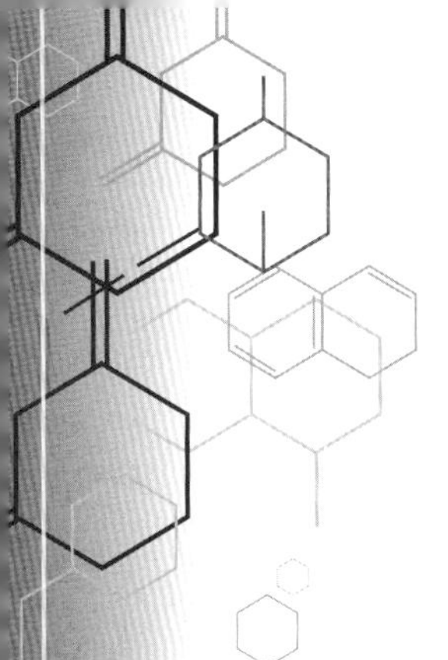

「老師，小星星好可憐，你覺得她可以嗎？」

「當然可以！」大爲老師的聲音眞是洪亮，「沒看到教室外的陽光多麼耀眼嗎？」

「ㄟ……我可以發問嗎？剛剛是什麼情形我怎麼都看不懂？」崇愷終於說話了，一臉茫然。

「你不知道有機反應包括『加成反應』、『脫去反應』、『取代反應』、『縮合反應』、還有『重組反應』嗎？去看書啦！」

「什麼跟什麼啊？」

「還不是你們『崇愷』害的！」

1 有機反應

除了前章提到的「皀化反應」、「酯化反應」等常見的有機反應，還有許多有機反應。以下我們就專章一一介紹說明。

一、加成反應（addition reaction）

爲一試劑中之兩部分加在一多鍵上，分別在鍵之兩端。一般是兩分子反應生成一分子。通式爲：

$$\begin{matrix} H & & H \\ & C{=}C & \\ H & & H \end{matrix} \quad + \quad X{-}Y \longrightarrow \begin{matrix} & H & H & \\ & | & | & \\ H{-} & C{-} & C & {-}H \\ & | & | & \\ & X & Y & \end{matrix}$$

根據機理可分爲親核加成反應、親電加成反應、自由基加成和環加成。

1. 親核加成反應

由親核試劑與底物發生的加成反應。發生在碳氧雙鍵、碳氮三鍵、碳碳三鍵等不飽和的化學鍵上。最有代表性的反應是醛或酮的羰基與格氏試劑加成的反應。

$$\mathrm{H(C{=}O)H} + \mathrm{RCH_2MgBr} \xrightarrow{H_3O^+,\ H_2O} \mathrm{RCH_2CH_2OH}$$

一級醇

$$\mathrm{R_1(C{=}O)H} + \mathrm{RCH_2MgBr} \xrightarrow{H_3O^+,\ H_2O} \mathrm{RCH_2CH(OH)R_1}$$

二級醇

$$\mathrm{R_1(C{=}O)R_2} + \mathrm{RCH_2MgBr} \xrightarrow{H_3O^+,\ H_2O} \mathrm{RCH_2C(OH)R_1R_2}$$

三級醇

2. 親電加成反應

是烯烴的加成反應，又叫馬可尼科夫反應、馬氏加成，由馬可尼科

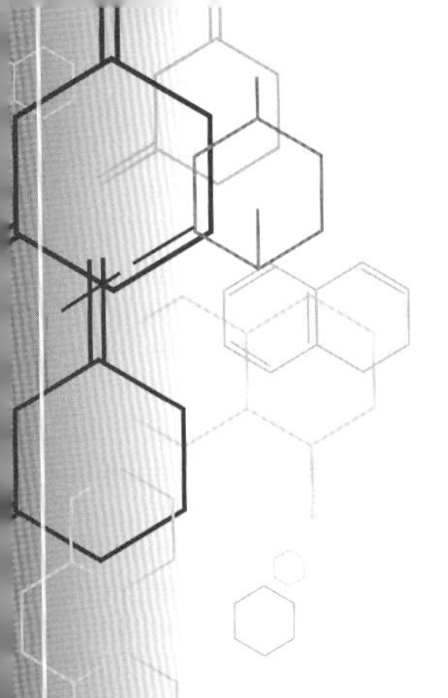

夫規則而得名：烯烴與鹵化氫的加成，氫加在氫多的碳上。

以下為加成反應常見的實例說明：

(1) 加氫（H_2）

如：$CH_2=CH_2+H_2 \xrightarrow{\text{Pt 或 Ni}} CH_3CH_3$

$CH\equiv CH+2H_2 \xrightarrow{\text{Pt 或 Ni}} CH_3CH_3$

(2) 加鹵素（X_2）

如：$CH_2=CH_2+Cl_2 \xrightarrow{\text{Pt 或 Ni}} CH_2ClCH_2Cl$

$CH\equiv CH+2Cl_2 \xrightarrow{\text{Pt 或 Ni}} CHCl_2CHCl_2$

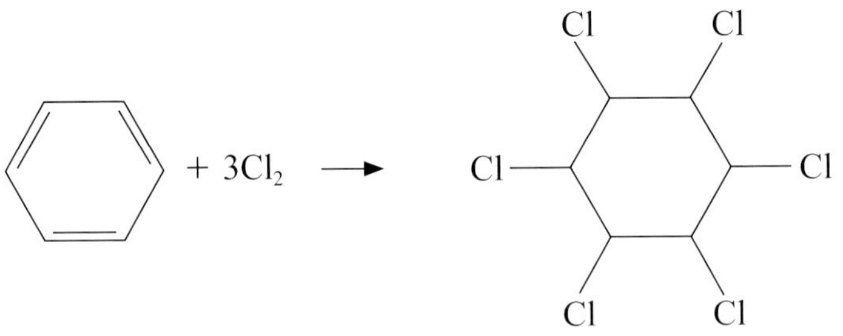

$+ 3Cl_2 \longrightarrow$

Cl Cl

Cl Cl

Cl Cl

(3) 加鹵化氫（HX）

如：$CH_2=CH_2+HBr \longrightarrow CH_3CH_2Br$

$CH\equiv CH+2HBr \longrightarrow CH_3CHBr_2$

烯／炔加鹵化氫皆遵守馬可尼科夫規則

(4) 加水（H_2O）：又稱水合、水化

如：$CH_2=CH_2+H_2O \xrightarrow{H^+} CH_3CH_2OH$

烯烴和水在酸催化下可發生加成反應直接生成醇

$$CH_3CH=CH_2+H_2O \xrightarrow{H^+} CH_3CH(OH)CH_3$$

不對稱烯烴和水進行加成反應：遵守馬可尼科夫規則

$$CH\equiv CH+H_2O \xrightarrow[H_2SO_4]{HgSO_4} CH_2=CH(OH) \xrightarrow{\text{重組}} CH_3CHO$$

工業上，乙醛是由乙炔的水合反應製成：在汞鹽存在下進行

乙炔以上的炔類水合反應生成酮類：遵守馬可尼科夫規則

二、取代反應（substitution reaction）

爲分子中的一個原子或原子團被其他原子或原子團取代。主要依照反應中所使用的試劑分爲親核取代反應與親電取代反應兩大類。

1. 親核取代反應

   指親核基（Nuc:）與帶正電或部分正電的原子或原子團反應並取代它。根據反應涉及到幾個分子的化學變化分爲單分子親核取代反應（SN_1）與雙分子親核取代反應（SN_2）。通式爲Nuc: + R-LG → R-Nuc + LG:。被取代的原子或原子團爲「離去基（LG:）」；帶正電的原子或原子團爲「親電子基（R）」；帶有離去基和親電子基的整個原始分子爲受質「（R-LG）」。親核基可以是電中性或帶負電荷，受質上的親電子基則通常爲電中性或帶正電荷。

2. 親電取代反應

   指親電試劑取代親核基上某原子或原子團的反應，被取代的原子通常是氫原子。其中包括芳香類化合物的硝化反應、鹵化反應、磺化反應等。

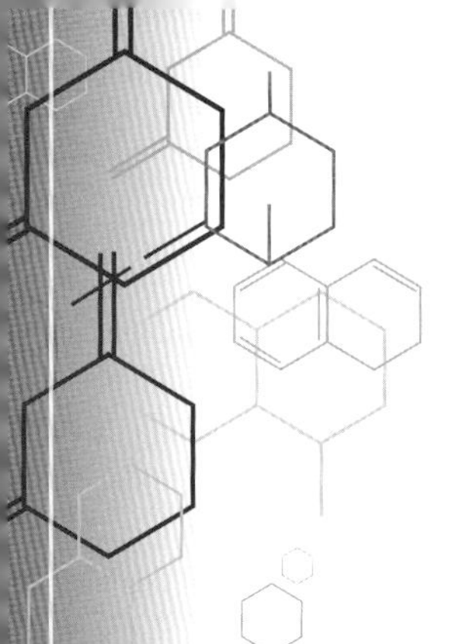

3. 自由基反應

若反應中的活性中間體爲自由基則稱爲自由基反應。而涉及到自由基的取代反應則稱爲自由基取代反應，不屬於前面兩大類型的取代反應。

了解取代反應的類別對預測產物很有幫助，也可以利用反應條件的調控增快反應速率或提升產率。以下爲取代反應常見的實例說明：

1. 鹵化

(1) 製備鹵烷

通式：$RH + X_2 \xrightarrow{\text{照光或加熱}} RX + HX$（自由基連鎖取代反應）

如：$CH_4 \xrightarrow{Cl_2} CH_3Cl \xrightarrow{Cl_2} CH_2Cl_2 \xrightarrow{Cl_2} CHCl_3 \xrightarrow{Cl_2} CCl_4$

一般情況下，產物通常是這四種化合物的混合物

移除HCl後，將這四種化合物以蒸餾分離

(2) 芳香烴鹵化

$$C_6H_6 + Cl_2 \xrightarrow{Fe/FeCl_3/AlCl_3} C_6H_5Cl + HCl$$

$$C_6H_6 + Br_2 \xrightarrow{Fe/FeBr_3} C_6H_5Br + HBr$$

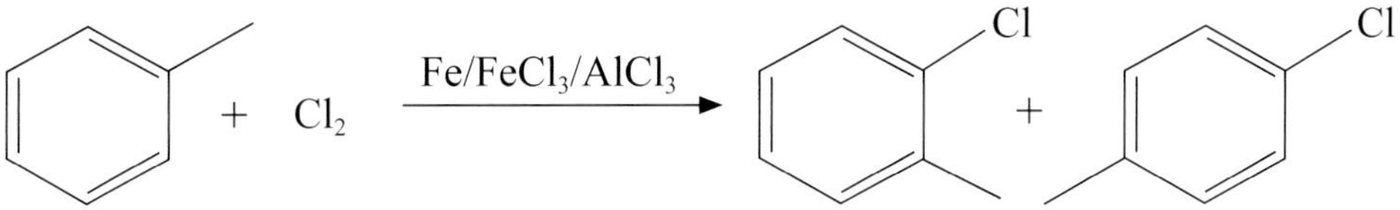

$$\text{甲苯} + Cl_2 \xrightarrow{Fe/FeCl_3/AlCl_3} \text{鄰氯甲苯} + \text{對氯甲苯}$$

$$\text{甲苯} + Cl_2 \xrightarrow{\text{照光／加熱}} C_6H_5CH_2Cl$$

2. 硝化

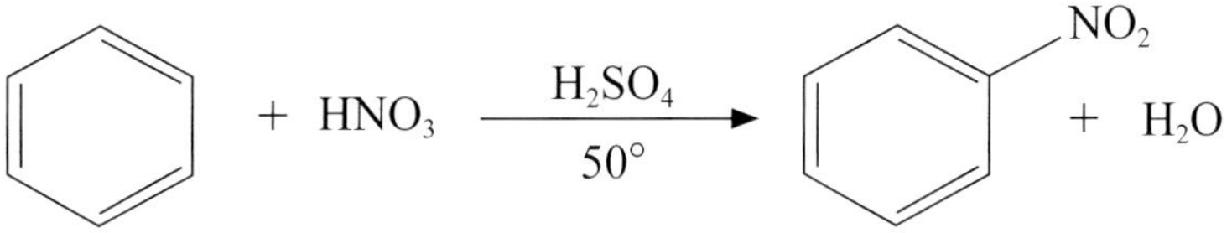

$$C_6H_6 + HNO_3 \xrightarrow[50^\circ]{H_2SO_4} C_6H_5NO_2 + H_2O$$

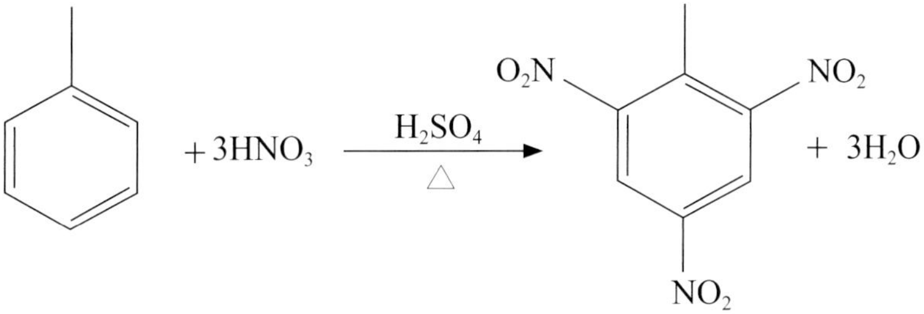

$$C_6H_5CH_3 + 3HNO_3 \xrightarrow[\triangle]{H_2SO_4} \text{2,4,6-三硝基甲苯} + 3H_2O$$

3. 磺酸化

$$C_6H_6 + H_2SO_4 \longrightarrow C_6H_5SO_3H + H_2O$$

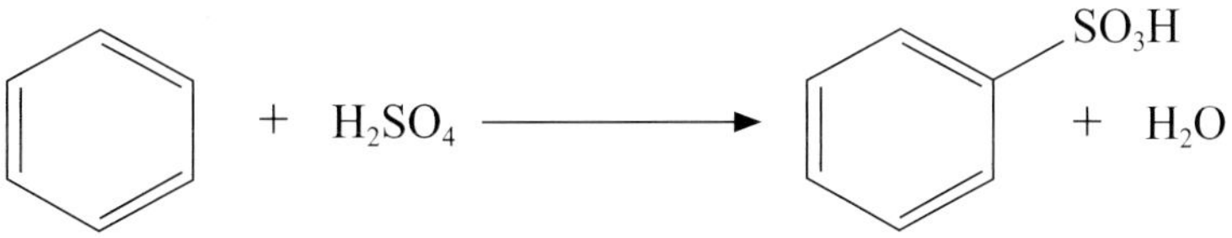

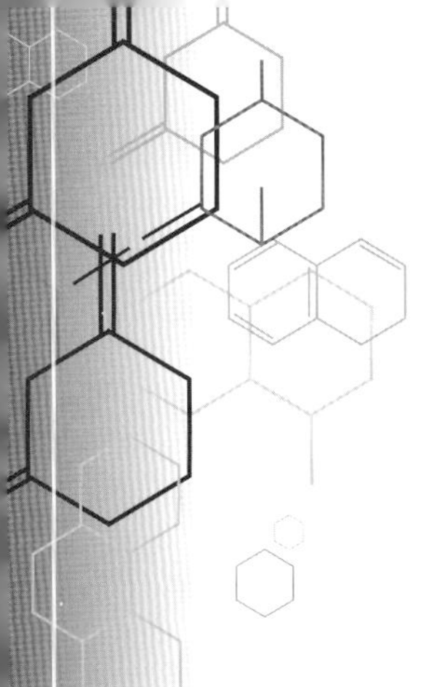

4. 烷化

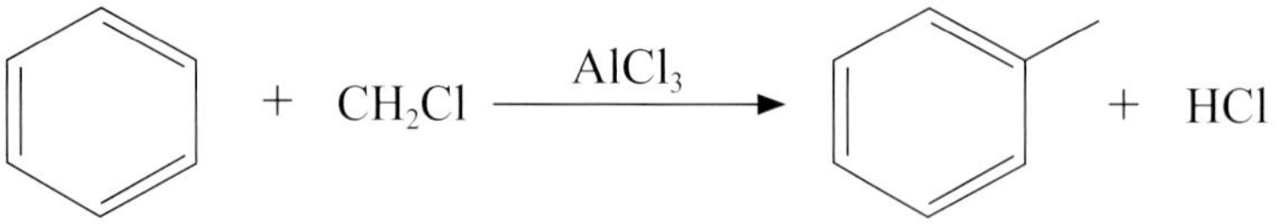

$$+ \ CH_2Cl \xrightarrow{AlCl_3} \quad + \ HCl$$

5. 水解

(1) 鹵烷在鹼性水溶液中共熱水解

通式：$RX + OH^-_{(aq)} \xrightarrow{\triangle} ROH + X^-$

(2) 有機酸衍生物水解

如：$RCOCl + H_2O \longrightarrow RCOOH + HCl$

$RCO\text{-}O\text{-}OCR + H_2O \longrightarrow 2RCOOH$

$RCOOR' + H_2O \xrightarrow{H^+} RCOOH + R'OH$

（酸催化：可逆反應）

$RCOOR' + OH^- \longrightarrow RCOO^- + R'OH$

（鹼催化：不可逆反應）

$RCONH_2 + H_2O \longrightarrow RCOOH + NH_3$

三、脫去反應（elimination reaction）

又稱消除反應，爲一有機化合物分子和其他物質反應，失去部分原子或官能基（稱爲離去基）。反應後的分子會產生多鍵，爲不飽和有機化合物。

脫去反應分爲下列兩種：

1. β脫去反應：較常見，一般生成烯類。

2. α脫去反應：生成碳烯化合物（含二價碳的電中性化合物）。

離去基所接的碳爲α碳，其上的氫爲α氫；相鄰接的碳及氫爲β碳及β氫。化合物會失去β氫原子的爲β脫去反應，會失去α氫原子的爲α脫去反應。

取代反應常見的實例說明：鹵烷在鹼性溶液中共熱脫去HX產生烯烴

如：$CH_3CH_2CH_2Br + KOH_{(alc.)} \xrightarrow{\triangle} CH_3CH = CH_2 + KBr + H_2O$

$KOH_{(alc.)}$表示KOH溶於酒精中

四、縮合反應（condensation reaction）

爲兩個分子透過官能基的變化結合成一個新的分子，過程中有小分子（如：水）失去。以下爲縮合反應常見的實例說明：

1. 醇類脫水產生烯烴／醚類

如：$CH_3CH_2OH \xrightarrow[180^\circ C]{H_2SO_4} CH_2 = CH_2 + H_2O$

$2CH_3CH_2OH \xrightarrow[130\sim140^\circ C]{H_2SO_4} CH_3CH_2OCH_2CH_3 + H_2O$

醇類在高溫下脫水生成烯烴；在較低溫下分子間脫水生成醚類

2. 有機酸衍生物的製備

如：$RCOOH + HCl \longrightarrow RCOCl + H_2O$

$2RCOOH \longrightarrow RCO\text{-}O\text{-}OCR + H_2O$

有機酸和脫水劑共熱時，兩分子酸脫去一分子水

$RCOOH + R'OH \longrightarrow RCOOR' + H_2O$

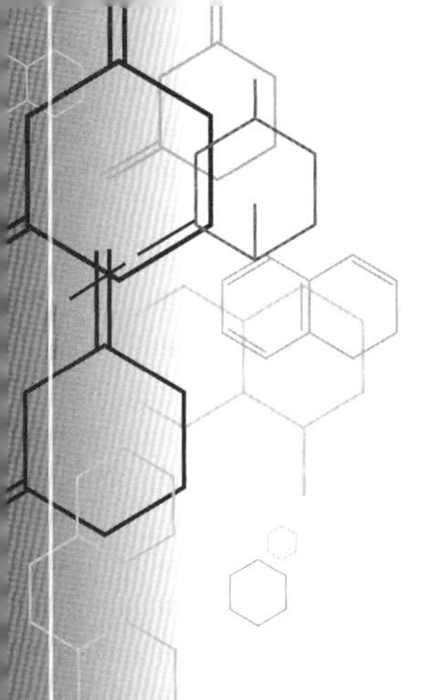

酯化反應：分子間脫水

$RCOOH + NH_3 \longrightarrow RCOO^-NH_4^+ \xrightarrow{\triangle} RCONH_2 + H_2O$

有機酸和胺作用生成胺鹽，加熱脫水得醯胺

3. 由有機酸衍生物製備醯胺

如：$RCOCl + NH_3 \longrightarrow RCONH_3Cl$

$RCOCl + 2NH_3 \longrightarrow RCONH_2 + NH_4Cl$

$RCOCl + 2Ar\text{-}NH_2 \longrightarrow RCONHAr + Ar\text{-}NH_3Cl$

$RCO\text{-}O\text{-}OCR + Ar\text{-}NH_2 \longrightarrow RCONHAr + RCOOH$

$RCOOR' + CH_3CH_2NH_2 \longrightarrow RCONHC_2H_5 + R'OH$

4. 由有機酸衍生物製備酯類

如：$RCOCl + R'OH$（或ArOH）$\longrightarrow RCOOR'$（或RCOOAr）$+ HCl$

$(RCO)_2O + R'OH$（或ArOH）$\longrightarrow RCOOR'$（或RCOOAr）$+ RCOOH$

五、有機氧化還原反應（organic redox reaction）

指有機反應中的氧化還原反應。不同於電化學，在很多有機氧化還原反應中，電子轉移並不實際發生，常以氧化數作爲碳原子氧化程度的判斷。以下爲有機氧化還原反應常見的實例說明：

1. 氧化反應

(1) 烴類完全燃燒

如：$CH_4 + 2O_2 \longrightarrow CO_2 + 2H_2O$

$$CH_2=CH_2+3O_2 \longrightarrow 2CO_2+2H_2O$$

$$2CH\equiv CH+5O_2 \longrightarrow 4CO_2+2H_2O$$

(2) 烷基苯類的氧化反應

通式：$C_6H_5{-}R \xrightarrow[H^+\ \triangle]{KMnO_4/O_2Cr_2O_7} C_6H_5{-}COOH + nCO_2$

(3) 醇類的氧化反應

一級醇氧化成醛，繼續氧化則得有機酸

$$RCH_2OH \longrightarrow RCHO \longrightarrow RCOOH$$

二級醇氧化成酮，酮一般難繼續氧化

$$R_2CHOH \longrightarrow RCOR \longrightarrow \text{不反應}$$

三級醇因爲烴基之碳無氫原子，故不被氧化

$$R_3COH \longrightarrow \text{不反應}$$

2. 還原反應：胺類的製備-硝基化合物之還原

$$RX+2NH_3 \longrightarrow RNH_2+NH_4Cl$$

$ArNO_2$（主要）或RNO_2 $\longrightarrow$ $ArNH_2$或RNH_2（1°胺）

金屬可用Fe、Sn、Zn等：分別產生Fe^{2+}（或Fe^{3+}）、Sn^{4+}、Zn^{2+}

六、異構化（rearrangement reaction）

又稱重排反應，爲取代基由一個原子轉移到同一個分子中的另一個原子上的過程。

$$-\underset{\displaystyle R}{\underset{|}{C}}-C-C- \longrightarrow -C-\underset{\displaystyle R}{\underset{|}{C}}-C-$$

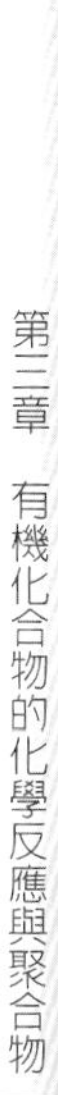

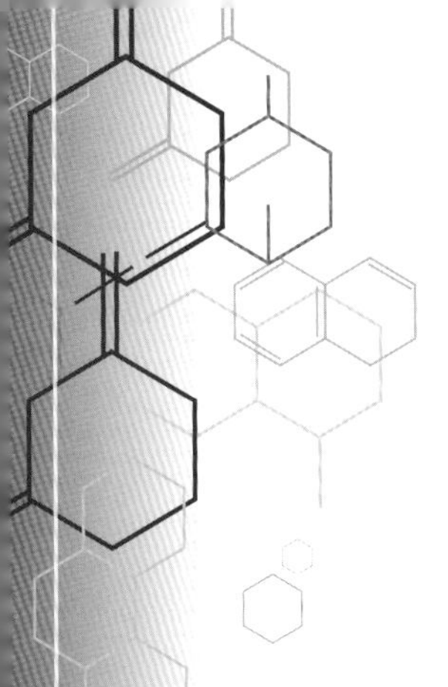

範例 3-1

下列化學反應中，哪些屬於取代反應？

(A) $C_6H_5CH_3 \rightarrow C_6H_5COOH$

(B) $CH_3CH_3 \rightarrow CH_3CH_2Cl$

(C) $CH_3CH_2CH_2OH \rightarrow CH_3CH=CH_2$

(D) $CH_2=CHCH_3 \rightarrow CH_3CHBrCH_3$

(E) $C_6H_6 \rightarrow C_6H_5SO_3H$。

解析

答案：(B)(E)

(A)為氧化反應。(C)為脫去反應。(D)為加成反應。

範例 3-2

有機反應：$HC\equiv CH + H_2O \xrightarrow[H^+]{HgSO_4}$ 產物，則此產物爲下列何者？

(A)乙烷　(B)乙烯　(C)乙醇　(D)乙醛　(E)乙二醇。

解析

答案：(D)

(D)水合反應：乙炔＋水→乙醛

2 聚合物與聚合反應

一、聚合物（polymer）

由很多小分子單元重複連結，經由共價鍵彼此連接而成的巨大分子混合物稱爲「聚合物」。分子非常大，分子量約由1000起，高可達百萬以上。形成方式爲：

單體（momomer，構成聚合物之小分子）

→ 單體單元（小分子存在於聚合物中的部分）→ 聚合物

1. 存在

(1) 天然聚合物

①動物中：蛋白質、核酸DNA、RNA

②植物中：澱粉、纖維素、橡膠

天然聚合物大部分存在於生物體中，而且是生命所必需的。這些天然聚合物有的是重要營養素，例如蛋白質、澱粉；有的是可應用於日常用品，例如橡膠、纖維素；有的在生物體內能支配我們的遺傳，例如核酸。

(2) 合成聚合物

①耐綸（織物材料）

②聚氯二烯（橡膠材料）

③聚矽氧（高溫彎浴油，浴缸塞隙劑）

④聚氯乙烯（PVC、地板、塑膠、雨衣材料）

合成聚合物通常爲高分子量有機化合物，其結構較天然聚合物簡單，通常最多含兩個不同單元。如耐綸、PVC、新平橡膠等。

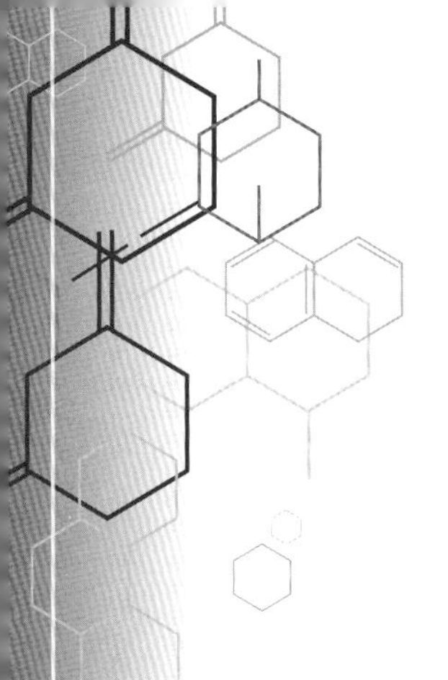

2. 單體（momomer）：構成聚合物的小分子。

(1) 加成聚合的單體：具有不飽和鍵

① $n\left[\begin{matrix} a \\ b \end{matrix} \rangle C=C \langle \begin{matrix} c \\ d \end{matrix}\right] \xrightarrow{\text{聚合}} \left[\begin{matrix} a & c \\ | & | \\ -C & -C- \\ | & | \\ b & d \end{matrix}\right]_n$

② $n\left[\begin{matrix} a \\ b \end{matrix} \rangle C=\underset{\underset{H}{|}}{C}-\underset{\underset{H}{|}}{C}=C \langle \begin{matrix} c \\ d \end{matrix}\right] \xrightarrow{\text{聚合}} \left[\begin{matrix} a & & & c \\ | & & & | \\ -C & -C & =C & -C- \\ | & | & | & | \\ b & H & H & d \end{matrix}\right]_n$

(2) 縮合聚合的單體：具有可失去H_2O、HX型之官能基

①聚酯：酸之衍生與R-OH官能基。

②聚醯胺：酸之衍生物與NH_3或胺類之官能基。

③聚醚：具有R-OH之分子間脫水。

3. 單體單元（monomeric unit）：小分子存於聚合物中的部分。

(1) 同元聚合物：只有一種單體的聚合物。如聚乙烯。

(2) 共聚物：單體單元爲兩種或多種的聚合物。如耐綸-66（Nylon 66）由1,6-己二胺與己二酸縮合聚合而成。

$$nH_2N-(CH_2)_6-nH_2+nHO-\overset{\overset{O}{\|}}{C}-(CH_2)_4-\overset{\overset{O}{\|}}{C}-OH \rightarrow H\left[\underset{\underset{H}{|}}{N}-(CH_2)_6-\underset{\underset{H}{|}}{N}-\overset{\overset{O}{\|}}{C}-(CH_2)_4-\overset{\overset{O}{\|}}{C}\right]_n OH+(2n-1)H_2O$$

有關耐綸，依照單體種類，耐綸編號可以分爲兩類：

第1類：只有一種單體重複聚合而成，只要寫出單體單元的碳數，如耐綸-6、耐綸-10、耐綸-12。

第2類：兩種單體聚合而成，則要依序寫出此兩種單體二胺與二羧酸（或二醯氯）的單體單元的碳數，如耐綸-6,6與耐綸-6,10，可省略數字間逗號，依序寫成耐綸-66、耐綸-610。

4. 聚合物之一般性質：聚合物通常是不同數目單體組成之分子，很難形成晶體，分子量大（1000～10^6以上），聚合物之分子量是指平均分子量。由於分子量極大，故分子間有很強的吸引力，因此具有適當的機械強度、硬度、撓曲性、彈性、延伸性等性質，故可加工成纖維狀及皮膜狀等實用製品。很多聚合物分子具有側鏈，會影響其分子的分子排列整齊性，因此影響比重、機械性質等。

5. 在聚合物鏈上所接的官能基保有此官能基原有之化性。例如：羥基會發生酯化；芳環會發生磺酸化等。在鏈上附掛的官能基的活性會受到鄰近官能基的影響，有的增強，有的減弱，完全根據兩者性質而定。

二、聚合物的聚合方式

1. 加成聚合（addition polymerization）

(1) 單體間之聚合反應時，無小分子放出者，稱爲「加成聚合」。意即聚合物的單體單元之原子種類以及個數與單體完全相同。

(2) 其單體常爲不飽和的有機化合物所得之聚合物。如：乙烯聚合而成的聚乙烯。

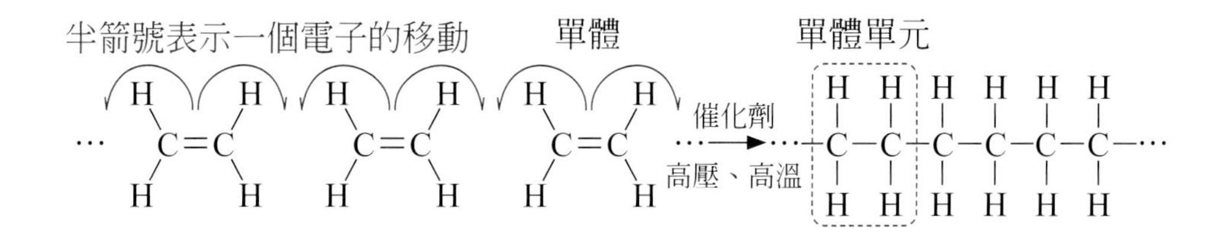

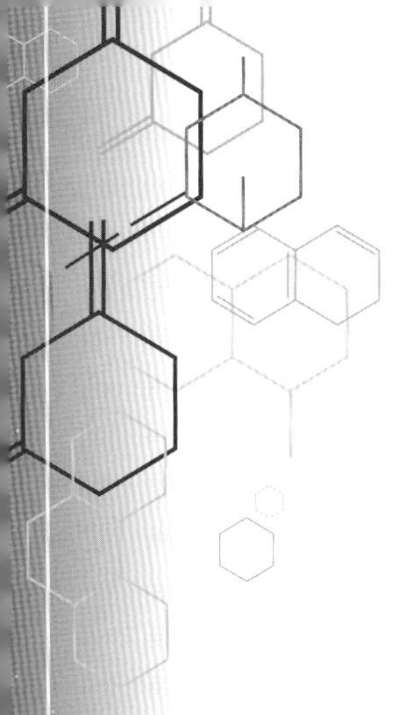

常見的加成聚合物範例：

①天然橡膠（NR），聚異戊二烯：

$$-\left[CH_2-C(CH_3)=CH-CH_2 \right]_{\sim 1500}-H$$

單體：異戊二烯（2-甲基-1,3-丁二烯）

$$H_2C=C(CH_3)-CH=CH_2$$ 。

加入碳黑：增加強度和耐久性。加入硫橡膠：加硫達8%的橡膠，增加彈性。硬橡膠：加硫達30%～50%的橡膠。泡沫橡膠：又稱泡棉，硫化時打入空氣或碳酸胺等發泡劑。加入抗氧化劑：防止橡膠氧化。

②合成橡膠

a. 布納橡膠（BR）：聚丁二烯

$$*-\left[CH_2-CH=CH-CH_2 \right]_n-*$$

單體：丁二烯（1,3-丁二烯） $CH_2=CH-CH=CH_2$ 。

用途：耐磨性高，彈性好，應用於輪胎

b. 新平橡膠（CR）：聚氯丁二烯

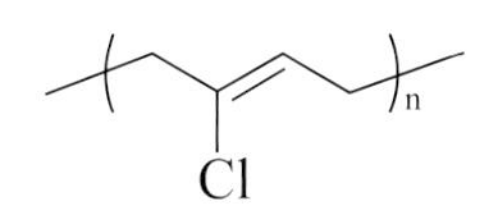

單體：氯丁二烯（2-氯-1,3-丁二烯）

Cl

用途：可耐天氣變化，且耐熱性、耐燃性、耐油性及耐化學侵蝕性高，應用於汽油輸送軟管和特殊輸送帶。

c. 丁苯橡膠（BR）

$$\left[\left(CH_2-CH=CH-CH_2\right)_m CH-CH_2\right]_n$$

單體：丁二烯（1,3-丁二烯）、苯乙烯

用途：製造輪胎、發泡產品、電線電纜塗覆、機械、皮帶、製鞋、配管及內襯材料，是目前生產量最多的合成橡膠。

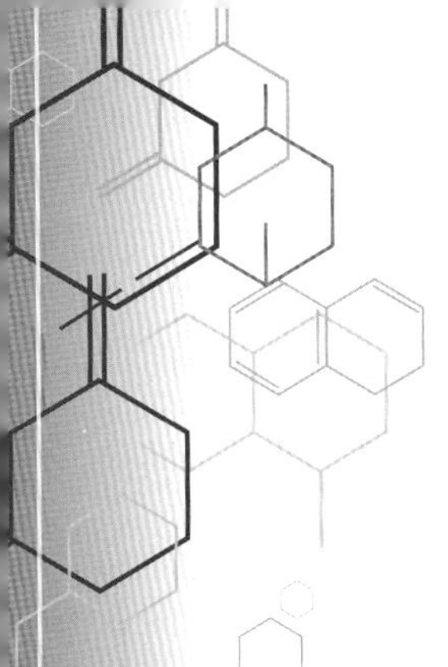

③其他常見加成聚合物

單體結構	單體名稱	聚合物名稱	用途
H H C=C H H	乙烯	聚乙烯（PE）	塑膠袋、塗料、玩具
H H H C=C C H H H	丙烯	聚丙烯（PP）	杯皿、奶瓶
H Cl C=C H H	氯乙烯	聚氯乙烯（PVC）	地板、雨衣、信用卡、建築用塑膠水管、皮包
H H C=C C≡N H	丙烯腈	聚丙烯腈／奧綸（PAN）	地氈、人造羊毛、窗簾、地毯、纖維
	苯乙烯	聚苯乙烯（PS）	保麗龍、發泡成品、防震材料、免洗餐具
O O	甲基丙烯酸甲酯	聚甲基丙烯酸甲酯（PMMA）	高品質透明塑膠製品、廣告招牌美術燈
F F C=C F F	四氟乙烯	聚四氟乙烯／特夫綸	襯墊、絕緣體、軸承、化學用耐蝕容器

2. 縮合聚合（condensation polymerization）

(1) 單體聚合時，失去一個小分子，如水或HX，稱縮合反應，所成之聚合物，稱為縮合聚合物。單體單元的原子數較反應單體少。

(2) 縮合聚合之單體皆多為官能基化合物，所以縮合聚合物必是以多官能基為單體之聚合物，如：如乙二醇與對酞酸（對苯二甲酸）單體，縮合聚合成聚對酞酸乙二酯（達克綸，polyethylene terephthalate，PET）。

$$nHO-CH_2-CH_2-OH + nHO-\overset{O}{\overset{\|}{C}}-C_6H_4-\overset{O}{\overset{\|}{C}}-OH \xrightarrow{\text{縮合聚合}} H\left[O-CH_2-CH_2-O-\overset{O}{\overset{\|}{C}}-C_6H_4-\overset{O}{\overset{\|}{C}}\right]_n OH + (2n-1)\,H_2O$$

縮合聚合反應的範例：

①達克綸（聚酯纖維）

$$\left[-O-\overset{O}{\overset{\|}{C}}-C_6H_4-\overset{O}{\overset{\|}{C}}-O-CH_2-CH_2-\right]_n$$

單體：乙二醇 $HO-CH_2-CH_2-OH$、對苯二甲酸 $HOOC-C_6H_4-COOH$

用途：可做為人造纖維、紡製之物、張力強度大的薄膜

②耐綸6（聚醯胺纖維）

$$-NH-\left[\overset{O}{\overset{\|}{C}}-(CH_2)_5-NH\right]_n-\overset{O}{\overset{\|}{C}}-$$

單體：己內醯胺（環狀 $-\overset{O}{\overset{\|}{C}}-(CH_2)_5-N-H$）

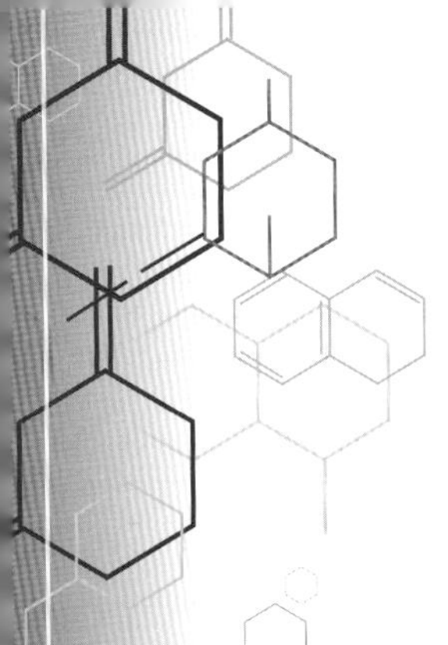

範例 3-3

下列何項物質可發生加成聚合反應，且產生的聚合物之實驗式爲CH_2？

(A) C_6H_{14}　(B)苯乙烯　(C) 1,3-丁二烯　(D)丙烯　(E)乙炔。

解析

答案：(D)

(A) 為飽和烴，不形成聚合物。

(B) 聚苯乙烯為 $\left[-CH_2-CH(C_6H_5)- \right]_n$，實驗式為CH。

(C) 聚丁二烯為 $\left(H_2C-CH=CH-CH_2 \right)_n$，實驗式為$C_2H_3$。

(D) 聚丙烯為 $\left[-CH_2-CH(CH_3)- \right]_n$，實驗式為$CH_2$。

(E) 聚乙炔為 $\left[-CH=CH- \right]_n$，實驗式為CH。

範例 3-4

下列四種聚合物的部分結構，哪一項是經加成聚合而成的？

(A) 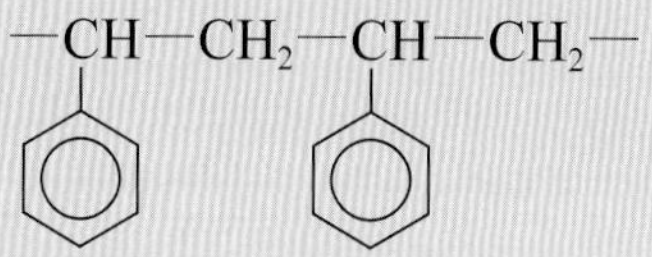 $-CH(C_6H_5)-CH_2-CH(C_6H_5)-CH_2-$

(B) $-\overset{O}{\overset{\|}{C}}-(CH_2)_4-\overset{O}{\overset{\|}{C}}-\underset{H}{\underset{|}{N}}-(CH2)_6-\underset{H}{\underset{|}{N}}-$

(C) $-O-$（六元環，含 O）$-O-$（六元環，含 O）$-$

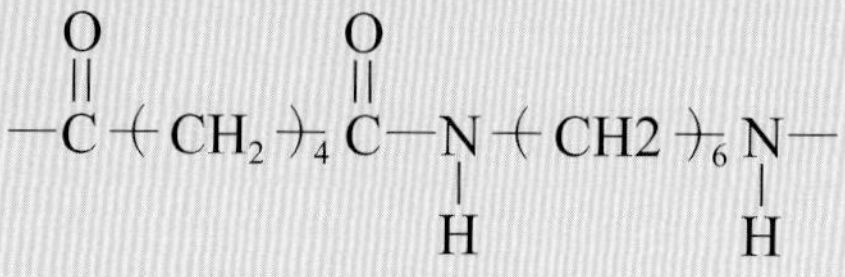

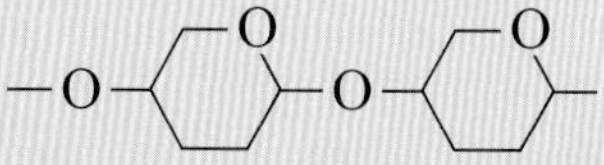

(D) 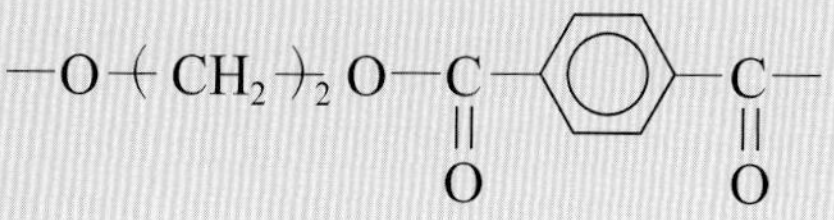 $-O-(CH_2)_2-O-\underset{O}{\underset{\|}{C}}-C_6H_4-\underset{O}{\underset{\|}{C}}-$

解析

答案：(A)

(A)聚苯乙烯為加成聚合物。

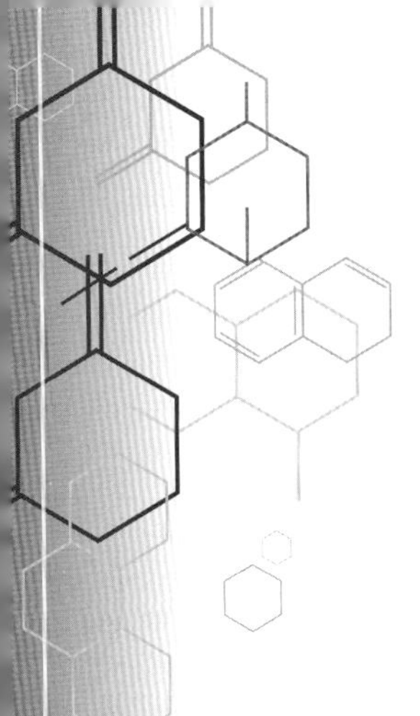

範例 3-5

下列有關聚合物的敘述，何者錯誤？

(A) 聚合物的分子量通常以平均分子量表示

(B) 聚合物依聚合方式可分爲加成聚合與縮合聚合

(C) 聚合物依其來源可分爲天然聚合物與合成聚合物

(D) 構成聚合物的小分子稱爲單體

(E) 聚合後，各單體仍保有原有之所有官能基。

解 析

答案為(E)

(A) 聚合物聚合程度的不同，分子量並非固定，會有分布的現象。

(B) 聚合方式分為加成與縮合聚合

天然聚合物	自然界存在，如纖維素、澱粉、蛋白質、核酸、天然橡膠
合成聚合物	人工化學合成，如合成橡膠、耐綸

(C) 聚合物分類

加成聚合	由碳碳雙、參鍵的單體聚合，反應過程並無生成其他物質。
縮合聚合	由單體官能基進行聚合，反應過程會脫去小分子。

(E) 聚核反應後，官能基會改變，如PET

4 有機與環保

許多合成有機化合物不易被環境分解，最嚴重的即爲塑膠汙染，已形成嚴重的環保問題，所以，回收重複使用這些有機物質是我們所面臨的當務之急。

塑膠汙染是指環境中塑膠製品的累積，造成對地球環境的破壞，甚至對人類的負面影響。由於塑膠便宜又耐用，讓人類大量使用，常常只使用塑膠製品一次，然後就丟棄，所以製造了大量垃圾。某些地區已經開始進行塑膠減量，除使用高價格、高品質的塑膠減少垃圾產生之外，主要還是試圖減少塑膠的使用量及提倡塑膠回收。爲落實日常環保，有所謂的「環保4R」口號：

一、減少使用（REDUCE）：少用膠袋，自備購物袋。少用發泡膠容器，減少汙染。少買獨立包裝的食物及用品，選購家庭裝或補充裝。少用即棄物品，例如木筷子、保鮮紙等。

二、循環再造（RECYCLE）：多購買由現時可循環再造的物料包裝的用品。多支持綠色消費，購買循環再造用品。多將廢物分類後放進分類回收桶。

三、物盡其用（REUSE）：在棄置物件時，應先考慮物件可否再用。將物品轉贈予其他有需要的人比埋在堆填區更有價値。

四、替代使用（REPLACE）：用天然物料和用品，可減少對環境造成的破壞，例如用蛋殼代替化學肥料。 購買可分解的物料代替不可分解的物料。用手帕代替紙巾。用有蓋容器代替保鮮紙儲藏食物。

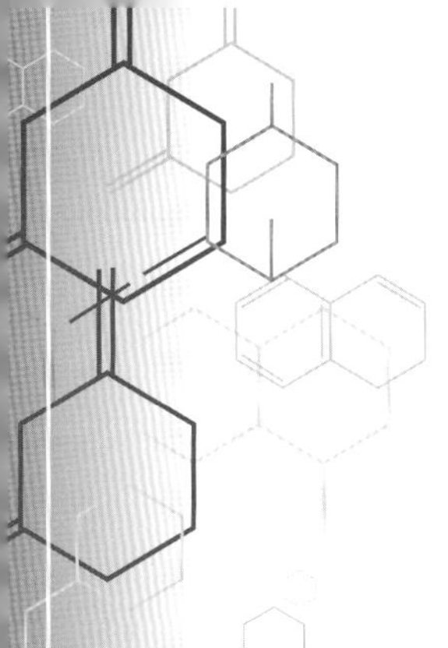

日常生活中最常見的塑膠，可以回收的類表加以介紹[註1]：

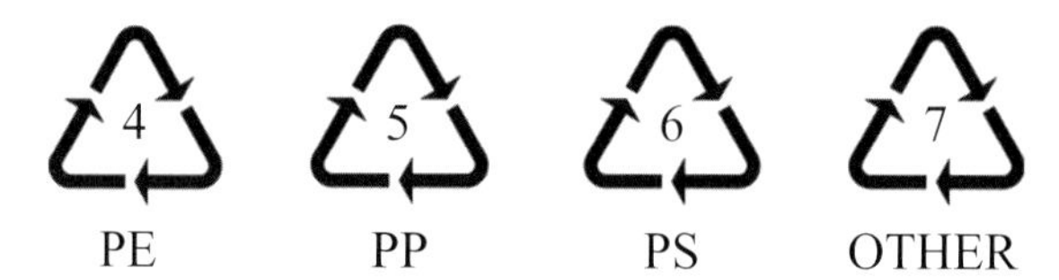

範例 3-6

資源回收是配合永續發展的必要工作，標示有回收標誌 之廢容器，皆應回收。常見的七大塑膠標示如下表所示：

回收標誌	名　稱
1	聚對苯二甲酸乙烯酯（PET）
2	高密度聚乙烯（HDPE）

（註 1）回收符號設計以循環使用為主題，中間號碼為回收代號分類，而非回收價格。

回收標誌	名　稱
♵	聚氯乙烯（PVC）
♶	低密度聚乙烯（LDPE）
♷	聚丙烯（PP）
♸	聚苯乙烯（PS）
♹	其他類

下列敘述哪些正確？

(A) 標示有 ♳ 之塑膠容器可作爲碳酸飲料瓶

(B) 標示 ♴ 與標示 ♶ 的塑膠材料是用不同的單體聚合而成

(C) 標示 ♵ 之塑膠容器，燃燒時可能會產生具有毒性的戴奧辛

(D) 標示 ♷ 之塑膠容器屬於熱塑性塑膠

(E) 標示 ♸ 之塑膠容器，主要是由苯與乙烯兩種單體聚合而成。

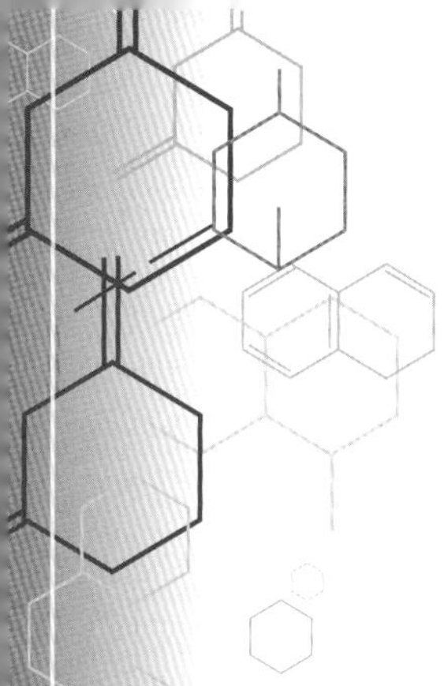

解析

答案為(A)(C)(D)

(A) PET為達克綸，所製成的塑膠瓶即為寶特瓶。

(B) 皆是乙烯行加成聚合而得，差異在聚合時的快慢。

HDPE 高密度聚乙烯	聚合速度快，主碳鏈上的支鏈較多，分子排列較不整齊
LDPE 低密度聚乙烯	聚合速度慢，主碳鏈上的支鏈較少，分子排列較整齊

(E) 單體為苯乙烯

有趣的化學小故事／炸藥與救命仙丹

本章學習重點

1. 有機反應是有機合成的基礎，幾種基本反應類型為：加成反應、脫去反應、取代反應、縮合反應、聚合反應、有機氧化還原反應和異構化。
2. 加成反應（addition reaction）可分為親核加成反應、親電加成反應、自由基加成和環加成。
3. 取代反應（substitution reaction）分為親核取代反應與親電取代反應兩大類。
4. 脫去反應（elimination reaction）為一有機化合物分子和其他物質反應，失去部分原子或官能基（稱為離去基）。
5. 縮合反應（condensation reaction）為兩個分子透過官能基的變化結合成一個新的分子，過程中有小分子（如：水）失去。
6. 有機氧化還原反應（organic redox reaction）指有機反應中的氧化還原反應。不同於電化學，在很多有機氧化還原反應中，電子轉移並不實際發生，常以氧化數作為碳原子氧化程度的判斷。
7. 聚合反應可分成加成聚合反應與縮合聚合反應。
8. 異構化（rearrangement reaction）又稱重排反應，為取代基由一個原子轉移到同一個分子中的另一個原子上的過程。

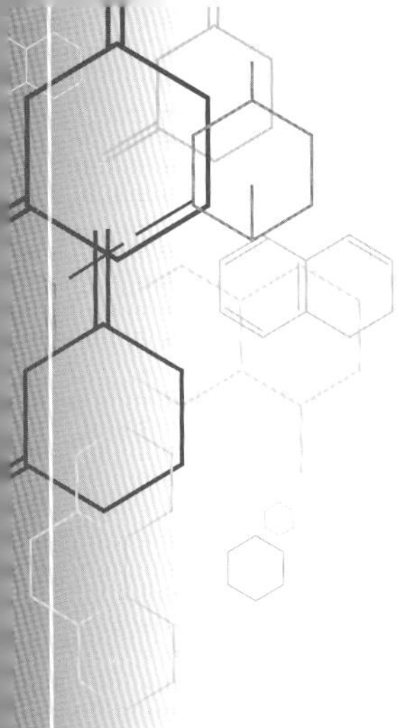

學習上應注意事項與容易犯下的錯誤

1. 親核加成反應發生在碳氧雙鍵、碳氮三鍵、碳碳三鍵等不飽和的化學鍵上。最有代表性的反應是醛或酮的羰基與格氏試劑加成的反應。
2. 親電加成反應是烯烴的加成反應，又叫「馬氏加成」，由馬可尼科夫規則而得名：烯烴與鹵化氫的加成，氫加在氫多的碳上。
3. 脫去反應分為下列兩種：
   (1) β脫去反應：較常見，一般生成烯類。
   (2) α脫去反應：生成含二價碳的電中性化合物。
4. 醇類在高溫下脫水生成烯烴；在較低溫下分子間脫水生成醚類。
5. 醇類的氧化反應中，一級醇氧化成醛，繼續氧化則得有機酸。二級醇氧化成酮，酮一般難繼續氧化。三級醇因為烴基之碳無氫原子，故不被氧化。
6. 聚合物的單體種類：
   (1) 同元聚合物：只含一種單體。
   (2) 共聚合物：含兩種或以上單體。

第四章 生物體中主要的有機化合物

本章導讀

生物體内是一座複雜的化學工廠，你知道你身體裡面有多少有機化合物嗎？

孫悟空眞的有可能從石頭裡蹦出來嗎？

構成生命不可或缺的元素又有哪些？

生物體又要如何獲取能量呢？

本章讓你從化學的角度進入生命的世界、最夯的生物科技讓你一次了解！

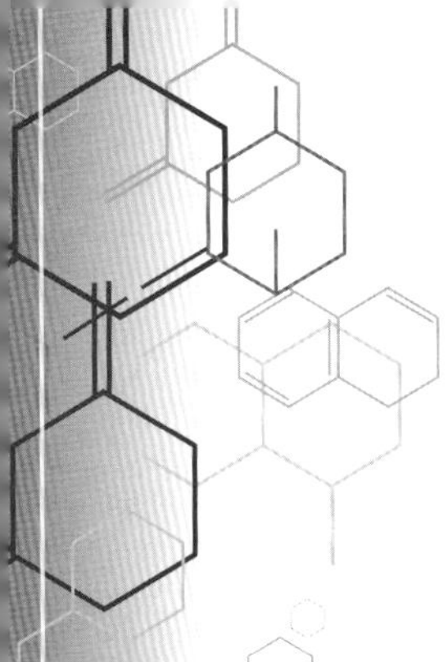

學習概念圖

常見的有機化合物

- 醣類的分子式可寫為 $C_m(H_2O)_n$，俗稱碳水化合物，為生物的重要營養素
- 蛋白質約由 20 種胺基酸所組成
- 油脂名為三酸甘油脂
- 核酸通常位於細胞核心，具編碼、傳遞和表達遺傳信息的功能

前章提到小星星同學離開後，迷惑的崇愷、感觸很深的薇薇與大為老師原本還要繼續討論下去，但大為老師話鋒一轉：「都說了有機化合物是生命體製造的，那麼生物本身當然是有機化合物所形成。兩位說說看，我們身體中有哪些常見的有機化合物呢？」畢竟感情的事太沉重，還是研究學術內容就好。

「到底1 + 1等於2與『加成反應』有什麼關係啊？」崇愷還是想追問。

「老師不要理他，這些『崇愷』們果然都是『同分異構物』。」薇薇對崇愷扮鬼臉，繼續說道，「像醣類、蛋白質、脂質、核酸等，都是我們身體中常見的有機化合物。」

「我也知道像葡萄糖、果糖、蔗糖、胰島素、脂肪、DNA、RNA……等也都是我們身體中常見的有機化合物！」崇愷也回薇薇一個鬼臉，「誰跟你是『同分異構物』啊，我看你才是『同素異形體』！」

「你才是『同位素』啦！」「你『同量素』！」……「好啦好啦，怎麼忽然吵起來了？」大為老師對著兩位可愛的同學說，「你們說的都很對，但是我忽然想問你們幾個問題：比如說，『酉』部的『醣』與『米』部的『糖』，還有『蛋白質』與『胺基酸』、『DNA』與『RNA』等等，你們知道它們的差別嗎？」

「有機化學眞是博大精深啊！」崇愷、薇薇異口同聲說。

「等等下午有蘇傑老師、馮優老師的課，剛好有提到上面我們所說的這些物質，你們有時間就去聽課吧！」

「好～」

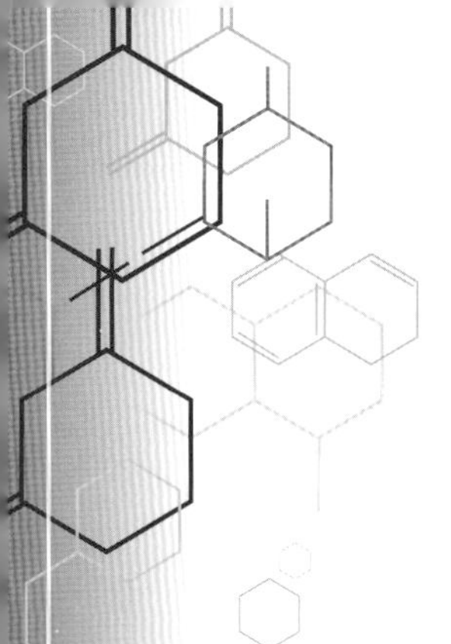

1 醣（saccharide）

醣類（化學通式$C_m(H_2O)n$）是由碳、氫、氧三種元素組成，且大多數的醣類其氫、氧組成比例又和水相同，因此又稱碳水化合物。有些科學家認爲甲醛（CH_2O）爲最簡單的醣，但是也有人認爲醣類中最簡單的分子是乙醇醛（$C_2H_4O_2$）。生物化學理解上的醣類是指含碳數爲3以上的「碳水化合物」。

「醣」泛指所有的碳水化合物，如澱粉、肝醣等，而「糖」是特別指有甜味的醣類，像是葡萄糖、麥芽糖等。自然界中的醣類是具有許多羥基的醛類或酮類形成的直鏈形式與闔環形式有機化合物，可分爲單醣（mono-saccharides）、雙醣（disaccharide）及由單體所組成的寡醣（oligo-saccharides）和多醣（polysaccharide）。

一、單醣類

依碳原子數的不同可以細分爲三碳醣到六碳醣不等，食品中最常見形式爲六碳醣，爲碳水化合物的最小構造單位。三碳醣、四碳醣都是醣類代謝作用中間的產物，形成核酸結構的核糖主要爲五碳醣，六碳醣則是生理上重要的醣類，如葡萄糖、半乳糖，甘露糖、果糖，提供人體生理代謝能量所需。

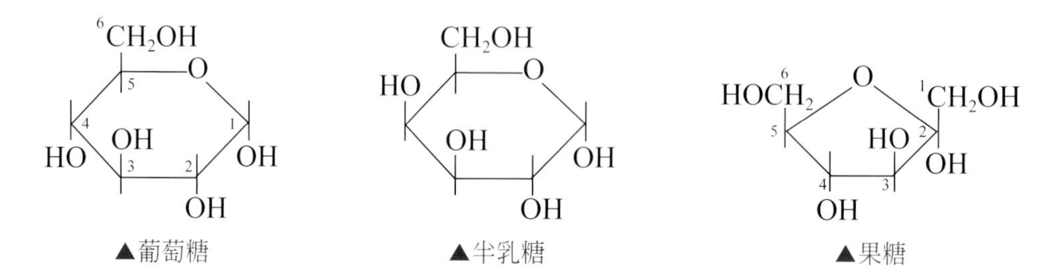

▲葡萄糖　▲半乳糖　▲果糖

單醣未即時使用的話，細胞會先將其轉換成較省空間的形式儲存，通常爲多醣。在包括人類的許多動物中，這種儲存方式是醣原，特別在肝臟及肌肉細胞。在植物中，則以澱粉的形式存在。

二、雙醣類

分子式爲$C_{12}H_{22}O_{11}$，雙醣是由兩個單醣單元透過脫水反應，形成一種稱爲醣苷鍵的共價鍵連接而成，可被酸水解或經消化酶作用分解。

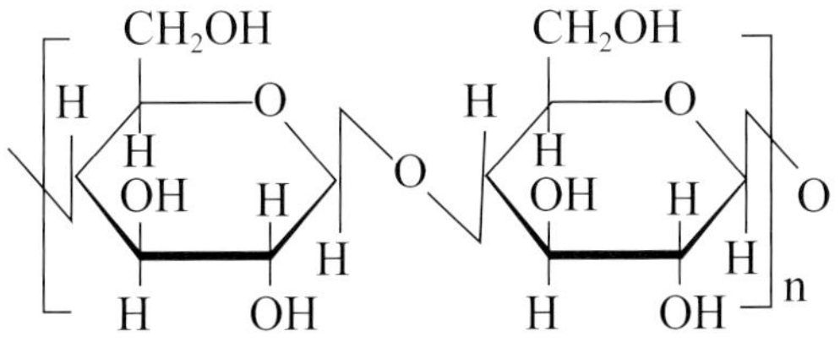

單醣分子互相以醣苷鍵（glycosidic bond）連接，由於立體異構的原因，分α-苷鍵和β-苷鍵兩種。

常見雙醣有：

1. 蔗糖（sucrose）：白色晶體，蔗糖的旋光性爲右旋，但水解後的果糖有很強的左旋性，使得水解後的混和物呈左旋性，故此混合液特稱爲轉化糖。特別在甜菜、甘蔗和水果中含量極高，是植物儲藏、積累和運輸糖分的主要形式。由1分子葡萄糖及1分子果糖組成。
2. 乳糖（lactose）：由哺乳動物產生的醣類，是唯一來自於動物的醣類。因乳糖的甜味低，有利於鈣的吸收，亦可促進腸管蠕動，故有利於嬰兒食用。由1分子葡萄糖及1分子的半乳糖以β-1,4鍵組成。

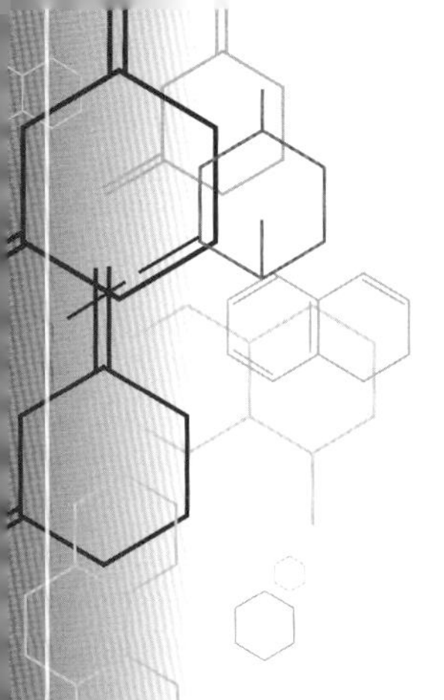

3. 麥芽糖（maltose）：為澱粉及麥芽的水解產物，常用於加工食品中。由2分子的葡萄糖組成。

▲圖一、葡萄糖的結構

▲圖二、蔗糖的結構

三、低聚醣和多醣類

低聚醣和多醣都是由單醣單元透過醣苷鍵組成的長鏈分子。兩者的區別在於單醣單元在鏈上的數量。3-10個單醣組成的稱為低聚醣，而多醣則超過10個單醣。

1. 寡醣：其化學鍵無法被人體消化酵素分解，而易引發腹瀉、脹氣。為3～7個單醣所組成的醣類。寡糖有類似水溶性膳食纖維的功能，目前則有利用生物技術所生產的果寡糖及異麥芽糖，可助腸胃道中的有益菌利用並增殖，有益於整腸作用。
2. 多醣：多醣類具有很高的分子量，無固定形狀，不會結晶、不甜、不溶於水。又可分為可消化的多醣類，如澱粉、糊精、肝醣，及不可消化的多醣類，如纖維素、樹膠、果膠等。

葡萄醣透過α（1→4）鍵連接可以形成直鏈澱粉，另外也可以以支鏈澱粉形式存在。

有趣線上影片／擠痘痘

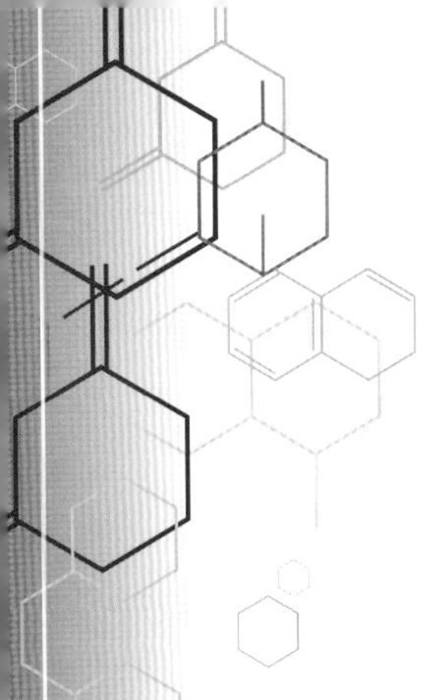

範例 4-1

下列有關醣類的敘述，何者正確？

(A) 葡萄醣及果醣均爲單醣

(B) 纖維素是醣類的聚合物

(C) 蔗糖可以與多倫試劑發生銀鏡反應

(D) 蔗糖爲雙醣，由兩分子的果糖脫去一分子的水所形成

(E) 麥芽糖爲雙醣，由兩分子的葡萄糖脫去一分子的水所形成

【93指考化學】

解析

正確解答為(A)(B)(E)

單醣類有葡萄糖、半乳糖及果糖。纖維素是由葡萄糖所組成的多醣類，故A、B選項為正確。

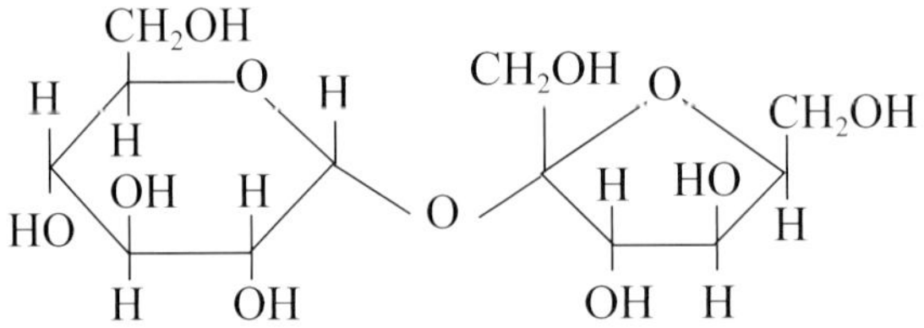

蔗糖因為不具有醛基，因此無法與斐林試劑及多倫試劑產生反應。

蔗糖加苛性鈉並加熱即可成為焦糖，焦糖溶於水中，是醬油、餅乾、糖果之棕黃色著色劑。

範例 4-2

編號為甲、乙、丙、丁、戊、己等六種樣品瓶中，可能含有下列物質：

(A)葡萄糖　(B)果糖　(C)蔗糖　(D)麥芽糖　(E)澱粉　(F)纖維素，為了要檢驗這些醣類，做了五個實驗，並將其結果記錄如下：

(1) 由化合物甲所配製的溶液可與碘反應成深藍色

(2) 化合物乙所配製的溶液可與少量的濃硫酸混合加熱可生成丙及丁

(3) 化合物丙、丁及戊均能與斐林諳劑生成赤褐色Cu_2O沉澱

(4) 化合物戊水解可得丁

(5) 化合物己不溶於溫水及冷水，與稀硫酸混合加熱可生成丁

請依據上述實驗結果，回答下列問題：

1. 以A至F的代號寫出甲～己瓶中各含何種物質？
2. 寫出麥芽糖的分子式

解析

(1) 甲會與碘反應呈深藍色，故甲為澱粉(E)。

(2) 乙會生成兩種物質，題目中只有蔗糖是雙醣，可以分解生成葡萄糖及果糖。而丙及丁是單醣（葡萄糖與果糖）。

(3) 化合物丙、丁及戊都會與斐林試劑作用，故丙丁戊可能為葡萄糖、果糖及麥芽糖。斐林試劑與醛類反應時，會產生紅色的氧化亞銅（Cu_2O）沉澱，可以用來檢驗醛類化合物，和有醛基的葡萄糖。斐

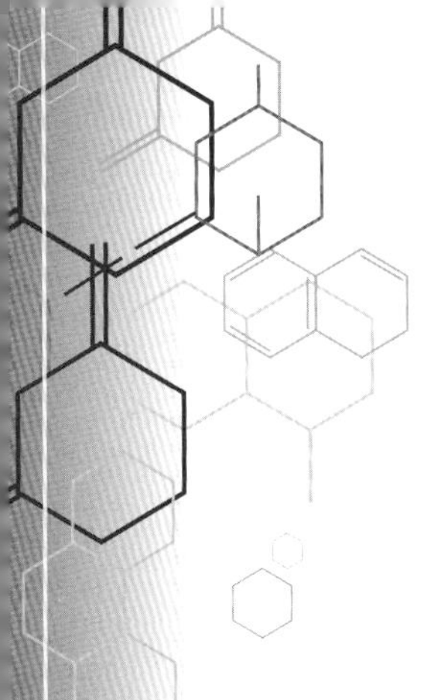

林試劑因可與醛糖反應（具有醛基）而常用於檢驗是否存在單醣。另外特別的是酮糖也可以用此法檢測，這是由於酮糖類的單糖（如果糖）會與斐林試劑中的鹼作用，使之轉化為醛糖，進而被斐林試劑氧化從而呈陽性反應。因此斐林試劑常用於單醣的檢測。

(4) 化合物戊水解可得丁，故戊水解只能得到一種糖。由題目可知，澱粉、纖維素或麥芽糖都可以水解得葡萄糖，故得知丁為葡萄糖(A)，丙為果糖(B)

(5) 纖維素F不溶於溫水及冷水，與稀鹽酸混合加熱會生成葡萄糖。丁是葡萄糖，故已為纖維素(F)。

綜合(3)與(4)，可得戊為麥芽糖。第二小題的解答：

麥芽糖是雙糖分子，是由兩分子的單醣化合、去掉一分子水而形成。所以可以寫成：$2(C_6H_{12}O_6) - H_2O \rightarrow C_{12}H_{22}O_{11}$

▲斐林測試，左試管呈陰性反應，右試管呈陽性反應。

範例 4-3

食物中的澱粉經過消化作用，會產生能被小腸吸收的小分子。有關此小分子的敘述，下列何者正確？

(A)成分是胺基酸　　(B)可用碘液檢測出

(C)是光合作用的原料　　(D)是呼吸作用的原料

解 析

正確答案為(B)

(A) 澱粉是多醣類，主要是由葡萄糖聚合合成。

(B) 澱粉包含直鏈澱粉與支鏈澱粉兩種成分，可溶性的直鏈澱粉溶於水會以彎曲的方式形成如下圖的螺旋結構，而中央的空穴為碘留下足夠的空間，因而直鏈澱粉可與碘形成藍色錯合物。因此澱粉可以用碘液檢測其存在與否。

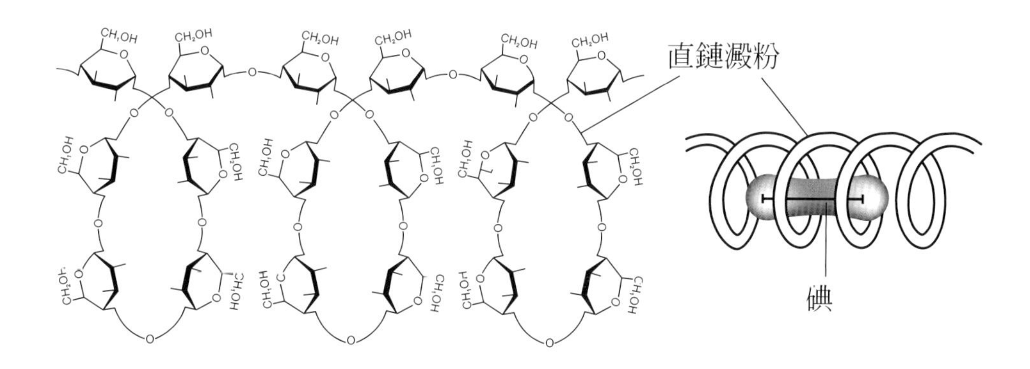

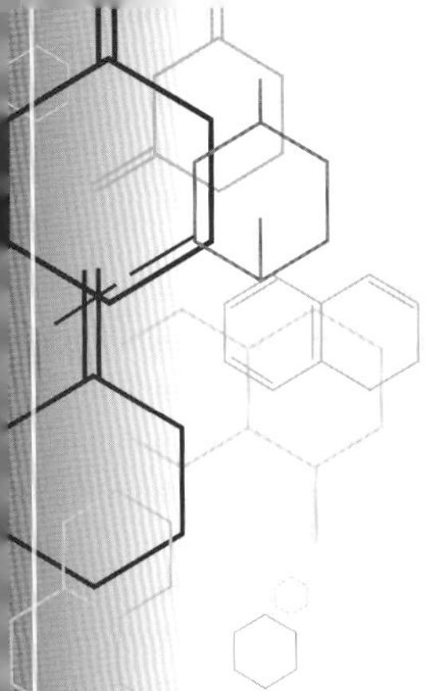

(C)光合作用所需要的原料為光以及由光反應產生的能量，最終在暗反應得到產物：葡萄糖及水。

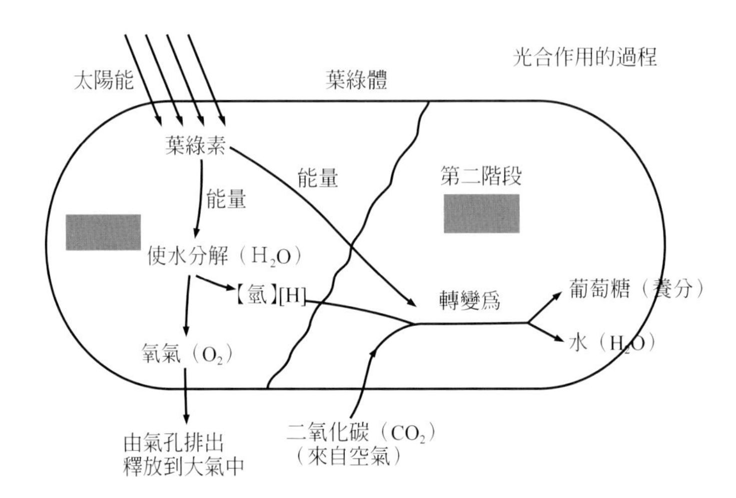

(D)呼吸作用是個一連串的化學反應，每一個階段所需要的原料並不相同。開啟呼吸作用鏈開端的是分解葡萄糖的糖解作用。

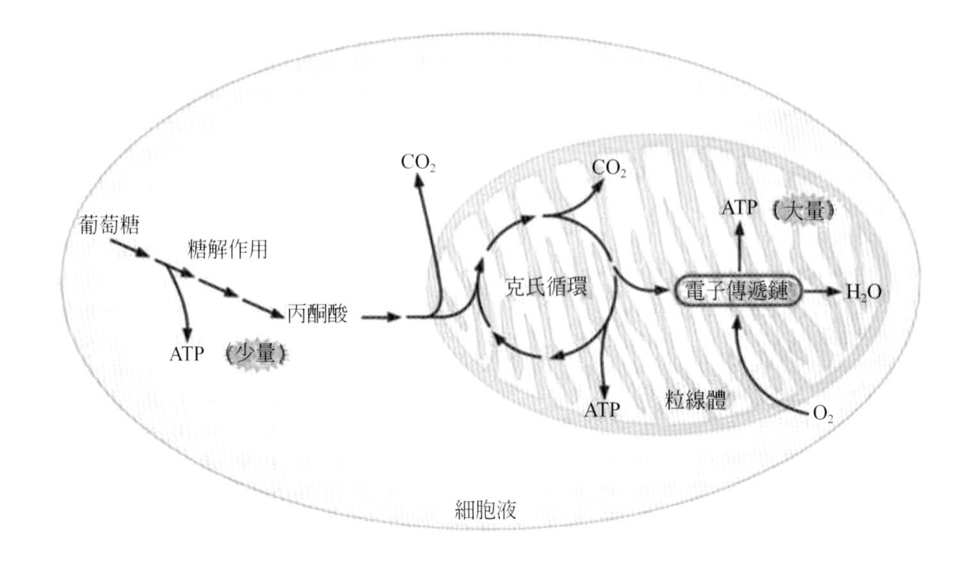

2 胺基酸（amino acid）與蛋白質（protein）

胺基酸爲在分子結構中含有氨基（$-NH_2$）和羧基（$-COOH$），並且氨基和羧基都直接連接在同一個-CH-結構上的有機化合物，通式是$H_2NCHRCOOH$。

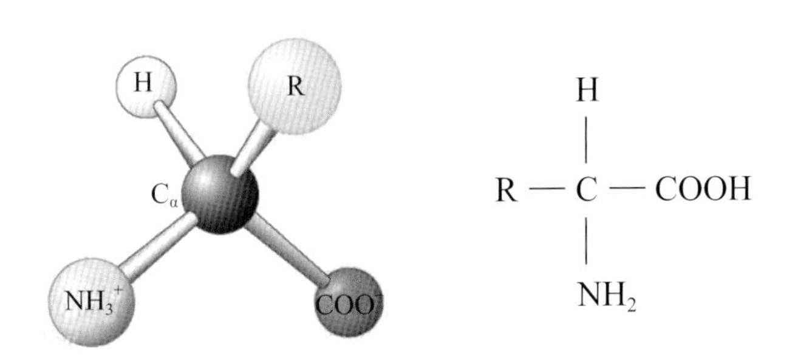

胺基酸是構成蛋白質的基本單位，自然界中存在許多胺基酸，因其中心碳（C_α）上所接的殘基（residue，即R group or side chain）的不同，而有所變化及獨特性。構成生命體的有主要20種必需胺基酸。依側鏈所接的基團不同，可分爲以下幾類：

代號	縮寫	全名	中文	化學式	側鍊
A	Ala	Alanine	丙胺酸	O, H_3C, OH, NH_2	疏水性
C	Cys	Cysteine	半胱胺酸	O, HS, OH, NH_2	親水性

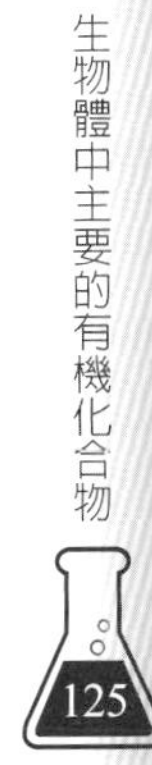

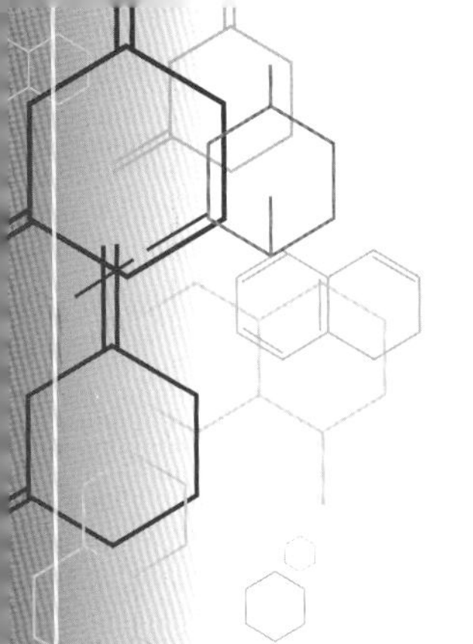

代號	縮寫	全名	中文	化學式	側鍊
D	Asp	Aspartate	天門冬胺酸	$HOOC-CH_2-CH(NH_2)-COOH$	酸性
E	Glu	Glutamate	麩胺酸	$HOOC-CH_2-CH_2-CH(NH_2)-COOH$	酸性
F	Phe	Phenylalanine	苯丙胺酸	$C_6H_5-CH_2-CH(NH_2)-COOH$	疏水性
G	Gly	Glycine	甘胺酸	H_2N-CH_2-COOH	疏水性
H	His	Histidine	組胺酸	$(C_3H_3N_2)-CH_2-CH(NH_2)-COOH$ (imidazole ring with N, HN)	鹼性
I	Ile	Isoleucine	異白胺酸	$H_3C-CH_2-CH(CH_3)-CH(NH_2)-COOH$	疏水性
K	Lys	Lysine	離胺酸	$H_2N-CH_2CH_2CH_2CH_2-CH(NH_2)-COOH$	鹼性
L	Leu	Leucine	白胺酸	$H_3C-CH(CH_3)-CH_2-CH(NH_2)-COOH$	疏水性

代號	縮寫	全名	中文	化學式	側鍊
M	Met	Methionine	甲硫胺酸	S, O, H_3C, OH, NH_2	疏水性
N	Asn	Asparagine	天門冬醯胺	O, O, OH, NH_2, NH_2	親水性
P	Pro	Proline	脯胺酸	O, OH, NH	疏水性
Q	Gln	Glutamine	麩醯胺酸	O, O, H_2N, OH, NH_2	親水性
R	Arg	Arginine	精胺酸	NH, O, H_2N, N H, OH, NH_2	鹼性
S	Ser	Serine	絲胺酸	O, HO, OH, NH_2	親水性
T	Thr	Threonine	蘇胺酸	OH, O, H_3C, OH, NH_2	親水性
V	Val	Valine	纈胺酸	CH_3, O, H_3C, OH, NH_2	疏水性

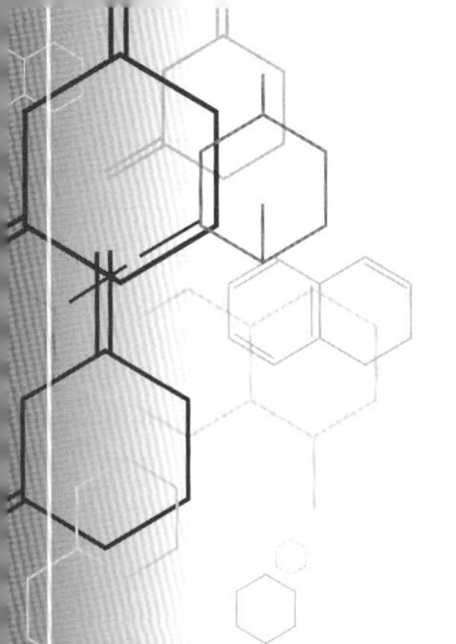

代號	縮寫	全名	中文	化學式	側鍊
W	Trp	Tryptophan	色胺酸		疏水性
Y	Tyr	Tyrosine	酪胺酸		親水性

胺基酸互相是憑藉胜肽鍵連接，在生物體中一個胺基酸的羧基（carboxy group），會與下一個胺基酸的胺基（amino group），行脫水縮合，形成一肽鍵（peptide bond）。

$$H_2N-CH_2-\overset{O}{\overset{\|}{C}}-OH + H-\underset{H}{\underset{|}{N}}-\underset{CH_3}{\underset{|}{CH}}-\overset{O}{\overset{\|}{C}}-OH \rightarrow H_2N-CH_2-\overset{O}{\overset{\|}{C}}-\underset{H}{\underset{|}{N}}-\underset{CH_3}{\underset{|}{CH}}-\overset{O}{\overset{\|}{C}}-OH + H_2O$$

肽鍵（醯胺鍵）

二肽

這個過程會一直重複，使多胜肽鏈不斷的延伸。最後，多胜肽鏈（polypeptide chain）之第一個胺基酸的胺基和最後一個胺基酸的羧基都會被原封不動地保留著。而形成的連續肽鍵則構成主鏈（main chain），或稱爲骨幹（backbone），再由此伸出各種支鏈（side chain）。

範例 4-4

薇薇晚餐吃下一個魚香堡，魚肉內含有蛋白質、脂肪，蔬菜內含纖維素、維生素與礦物質，麵包含有澱粉，有關所吃下的營養素，下列敘述何者正確？

(A) 纖維素、澱粉、蛋白質、脂肪都是天然聚合物

(B) 在實驗室中可利用脂肪與鹼性物質反應產生酯類

(C) 澱粉和纖維素都可被人體消化分解，提供人體所需的能量

(D) 澱粉和纖維素都是由葡萄糖聚合而成，蛋白質是由胺基酸聚合而成。

解析

正確答案為(D)

範例 4-5

蛋白質是由胺基酸組成，此兩者的關係與下列何者相似？

(A)肥皂與甘油　　(B)酒精與乙醇

(C)澱粉與葡萄糖　　(D)硫酸與氫氧化鈉。

解析

正確答案為(C)

本題主要是要測試，學生是否了解胺基酸與蛋白質彼此是小單元與聚合物的關係。4個選項中，只有C的組合與題意所需一樣。

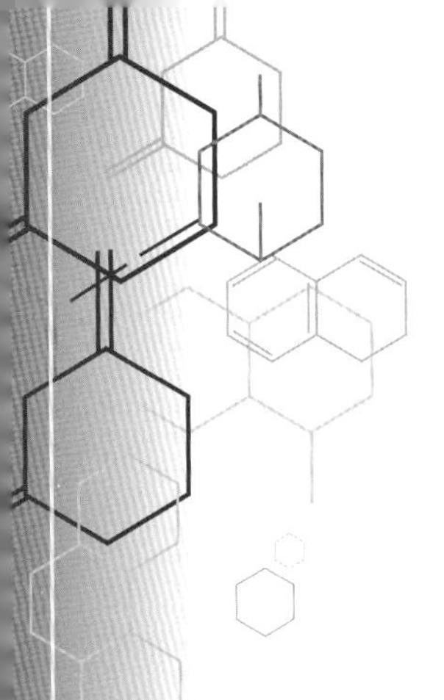

蛋白質主要是碳、氫、氧、氮等，及其他少量元素如：硫、磷、鐵、銅等組成，其組成的單體爲胺基酸依照一定的比例及形式排列而成。其分子量可由13,000至幾百萬不等。蛋白質的結構可以分成以下四種。

蛋白質的胺基酸序列稱爲一級結構，而序列的不同區域則形成局部規則的二級結構，例如α-helix或β-strand。三級結構則是由此類結構要素，包裹成一個或多個緊密的球狀單位所形成，這些單位稱爲domains。最終的蛋白質可能包含數個多胜肽鏈排列在四級結構中。藉著形成此類三級和四級結構，使原本位在序列上距離很遠的氨基酸，在三度空間中靠攏，以形成有功能的區域（active site）。

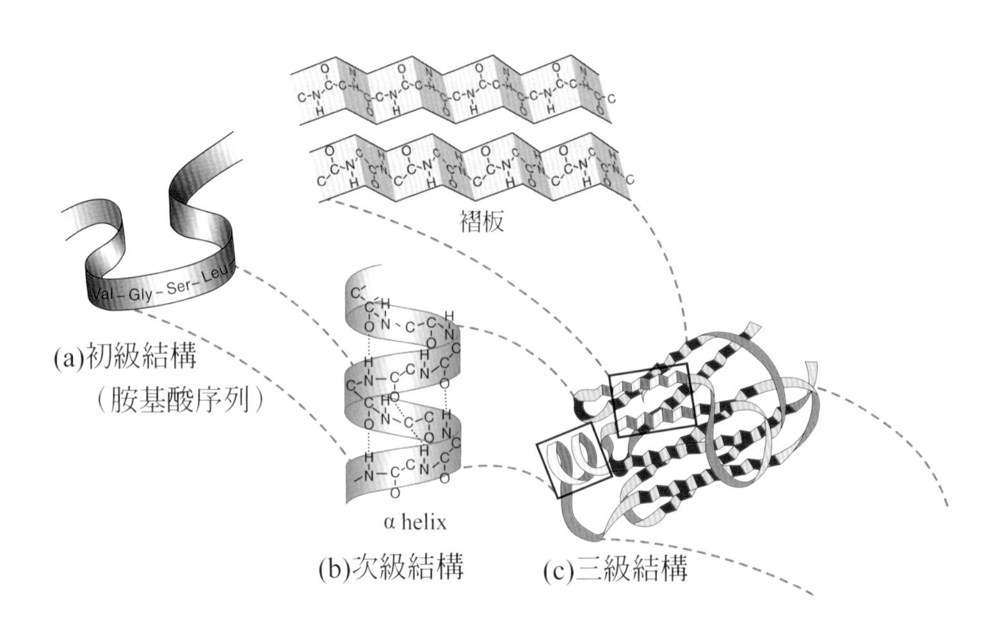

(d)四級結構

1. 初級結構：蛋白質的初級結構是由一連串的胺基酸組成。這些胺基酸主要由生命體所攜帶的遺傳密碼轉譯而成。不同的遺傳密碼所對應形成的胺基酸也不盡相同，因此可以組成千變萬化的不同組合。
2. 次級結構：不同胺基酸之間的C=O和N-H基團間，會因爲氫鍵形成穩定立體結構，主要結構爲α-螺旋和β-摺板。
3. 三級結構：多個二級結構元素在三維空間的排列所形成的一個蛋白質分子的三維結構，爲單個蛋白質分子的整體形狀。蛋白質的三級結構大都有一個疏水核心來穩定結構，同時具有穩定作用的還有鹽橋、氫鍵和雙硫鍵等。每種蛋白質都有特殊的折疊方式，鏈折疊的特殊狀態造成蛋白質在空間中的特殊立體結構，賦予每種蛋白質特殊且獨特的生物功能。
4. 四級結構：用於描述由不同多肽鏈（亞基）間相互作用形成具有功能的蛋白質複合物分子的形態。

大多數的蛋白質都自然摺疊爲一個特定的三維結構，才會成爲有功能的蛋白質。多數蛋白質可以透過本身胺基酸序列的性質進行自我摺疊，但還是有許多蛋白質需要分子伴侶的幫助來進行正確的摺疊。當蛋白質處在高溫、極端pH值環境或是暴露在有機溶劑等條件下，會失去其天然結構和活性，這一現象就稱爲變性。蛋白質結構中的鍵結並不會因爲變性而斷裂，而是因爲特殊的三級結構空間排列瓦解、任意展開其結構，導致失去原本的功能。

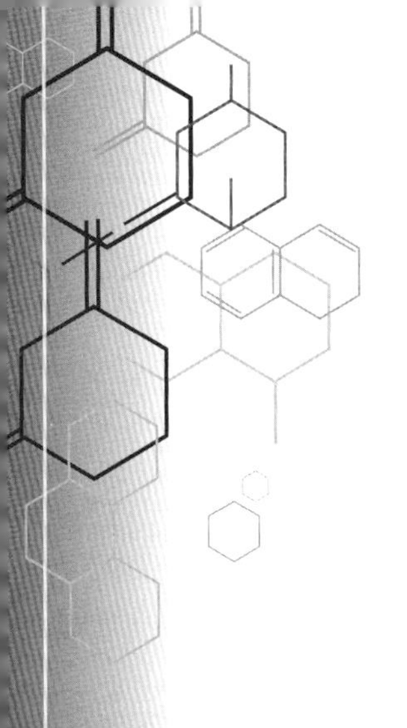

▲雞蛋的蛋白部分遇到熱會凝固成白色的固體，當蛋白已經被熱凝固之後，即使它冷卻也不會再還原成未加熱時的澄清液體。

胺基酸之間透過肽鍵彼此連接。蛋白質結構中胺基酸和丙氨酸透過肽鍵（用方塊標出）連接在一起。

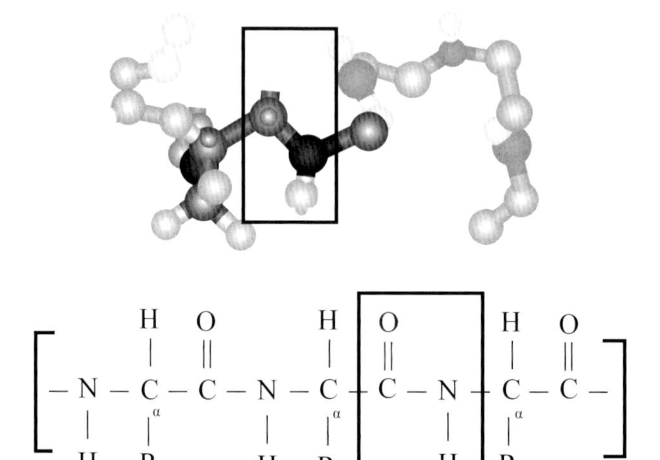

每一種蛋白質都有自己獨特的胺基酸序列，而胺基酸序列的組成信息則由編碼對應蛋白質的基因的核苷酸序列所決定。遺傳密碼是一套由三個核苷酸組成的密碼子，每一種三個核苷酸的組合可以編碼一種特定胺基酸。

蛋白質之功能：

1. 維持生命與成長。蛋白質是構成肌肉、器官及內分泌腺的主要材料。每一活細胞及體液均含有蛋白質。總言之，胺基酸是提供生命中用來建立及不斷置換體細胞所需的原料。
2. 調節：人類之不同的蛋白質均具有其特化的調節功能。
3. 能量：平均每1公克的蛋白質可提供4大卡的熱量。

範例 4-6

下列選項中，哪一個是形成蛋白質螺旋或摺板結構的主要作用力？

(A)氫鍵 (B)離子鍵 (C)肽鍵 (D)凡得瓦力 (E)靜電力

解 析

正確答案為(A)

不同胺基酸之間的C=O和N-H基團間，會因為氫鍵形成穩定立體結構，主要結構為α-螺旋和β-摺板。

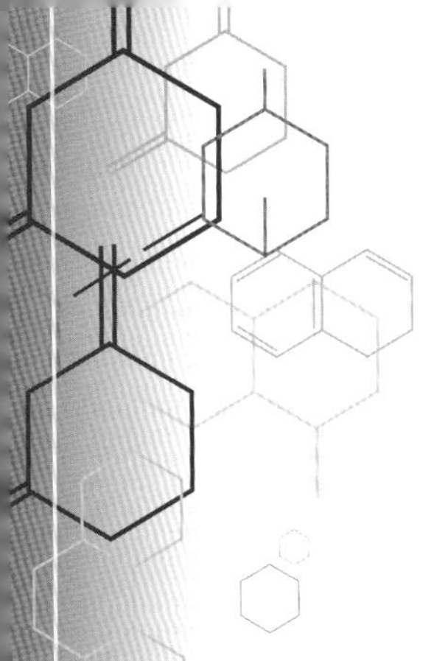

範例 4-7

下圖爲某分子之結構：

$$H_3\overset{+}{N}-CH_2-\overset{O}{\overset{\|}{C}}-\underset{H}{N}-CH_2-\overset{O}{\overset{\|}{C}}-\underset{H}{N}-\underset{\underset{C_6H_5}{|}}{\underset{CH_2}{\underset{|}{CH}}}-\overset{O}{\overset{\|}{C}}-\underset{H}{N}-\underset{CH_2}{\underset{|}{CH}}-COO^-$$

下列有關該分子之敘述何者正確？

(A) 此分子含有四個胺基酸

(B) 此分子完全水解後可能四種胺基酸

(C) 此分子有十個碳原子具sp^2混成軌域

(D) 此分子有三種官能基可以和三級胺形成氫鍵

(E) 此圖所示爲一個三肽分子　　【91-指考化學】

解析

正確答案為(A)(C)

先找出肽鍵來區隔，即可找出胺基酸的個數

$$H_3\overset{+}{N}-CH_2-\boxed{\overset{O}{\overset{\|}{C}}-\underset{H}{N}}-CH_2-\boxed{\overset{O}{\overset{\|}{C}}-\underset{H}{N}}-\underset{\underset{C_6H_5}{|}}{\underset{CH_2}{\underset{|}{CH}}}-\boxed{\overset{O}{\overset{\|}{C}}-\underset{H}{N}}-\underset{CH_2}{\underset{|}{CH}}-COO^-$$

若碳有雙鍵即由sp^2混成軌域組成。

一、油脂的特性

1. 意義：

(1) 動物性脂肪：因含較少不飽和脂肪（unsaturated fat），故常溫為固體，稱為脂肪（fat），如牛油、豬油等。例外：魚油為液態。

(2) 植物性脂肪：因含較多不飽和脂肪，常溫為液體，稱為油（oil），如花生油、葵花油等。例外：椰子油、棕櫚油為固態。

2. 脂肪是細胞膜的主要成分，但攝取過多的油脂會造成肥胖及併發症。

二、結構

油脂主要成分是3個脂肪酸分子與1個甘油分子經酯化反應脫去3分子水所產生的三酸甘油酯（triglyceride）。

$$
\begin{array}{c}
\mathrm{H} \\
| \\
\mathrm{H-C-OH} \\
| \\
\mathrm{H-C-OH} \\
| \\
\mathrm{H-C-OH} \\
| \\
\mathrm{H}
\end{array}
\quad + \quad
\begin{array}{l}
\mathrm{RCOOH} \\
\mathrm{R'COOH} \\
\mathrm{R''COOH}
\end{array}
\quad \rightarrow \quad
\begin{array}{c}
\mathrm{H} \\
| \\
\mathrm{H-C-O-\overset{\overset{\Large O}{\|}}{C}-R} \\
| \\
\mathrm{H-C-O-\overset{\overset{\Large O}{\|}}{C}-R'} \\
| \\
\mathrm{H-C-O-\overset{\overset{\Large O}{\|}}{C}-R''} \\
| \\
\mathrm{H}
\end{array}
\quad + \quad 3H_2O
$$

▲甘油（丙三醇）　▲脂肪酸　▲油脂（三酸甘油酯）

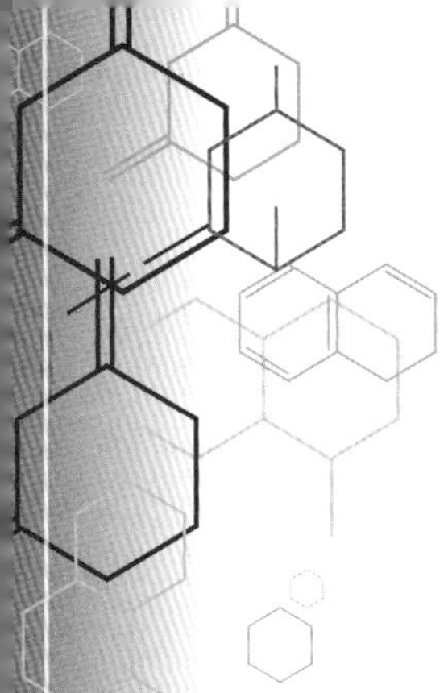

三、飽和脂肪（saturated fat）與不飽和脂肪

1. 飽和脂肪：

(1) 結構中C-C鍵均為單鍵。

(2) 熔點較高，化性安定，常見於動物性油脂。

2. 不飽和脂肪酸：以碘加成可測「不飽合程度（碘價）」。

(1) 結構中C-C鍵有單鍵與少許雙鍵。

(2) 順式與反式：

①順式：熔點較低，易酸敗、變質，常溫下為液體，常見於植物性油脂。

②反式：熔點近似飽和脂肪，常見於人工氫化油脂。工業上常以氫氣將不飽合的液態油分子中之雙鍵氫化，形成固態飽和脂肪，易於保存，但食用後易罹患管狀動脈疾病。

範例 4-8

下列關於油脂的敘述，哪些正確？

(A) 碘價愈高，代表油脂分子量愈大

(B) 油脂的成分是三酸甘油酯，是由一個甘油和三個胺基酸脫水所成

(C) 花生油較牛脂含有較高比例的不飽和脂肪酸甘油酯

(D) 一般而言植物性油脂比動物性油脂容易氧化而酸敗

(E) 油脂在酸性環境下水解可生成肥皂（脂肪酸鹽）

（左營高中）

解析

答案為CD

(A)碘價愈高，表油脂的不飽和程度愈高

(B)三酸甘油酯應由甘油與三分子脂肪酸酯化而成

(E)皂化需為鹼性環境

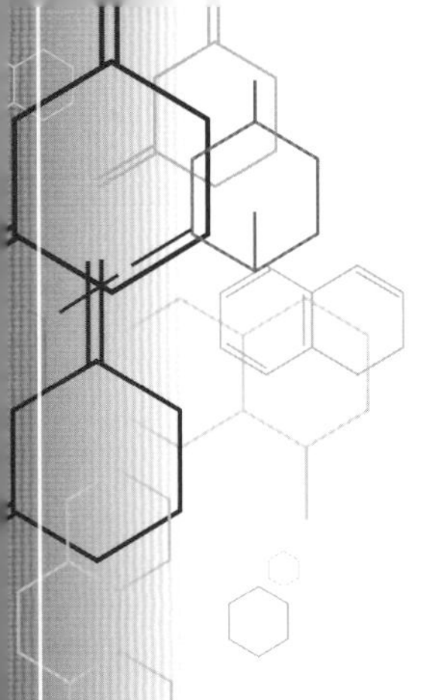

範例 4-9

書本上記載，進行脂肪合成的反應式爲：「脂肪酸 + X → 脂肪 + 水」，已知脂肪酸是一種有機酸，而脂肪是一種酯類，則物質X應屬於下列何種物質？

(A)有機醇類物質　　(B)有機鹼性物質

(C)無機酸性物質　　(D)無機鹽類物質

解析

正確答案為(A)

形成酯類所進行的反應為酯化反應：有機酸 + 有機醇酯類 + 水

4 核糖核酸（DNA & RNA）

核酸最早是從細胞核分離得到，且具有酸性，因此而得名。核酸有去氧核糖核酸DNA（deoxyribonucleic acid）與核糖核酸RNA（ribonucleic acid）兩種。

核酸是以核苷酸（nucleotide）爲單元聚合而成的巨大分子。核苷酸包含含氮鹼基（nitrogenous base）、五碳醣（戊醣pentose）、磷酸根三個部分。當核苷酸去掉磷酸根時，稱爲「核苷」。

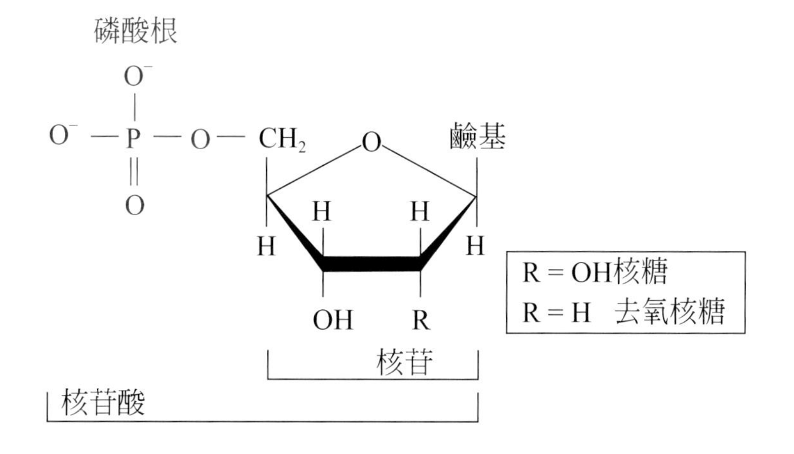

DNA的五碳醣為去氧核糖（deoxyribose），而RNA的五碳醣為核糖（ribose）。

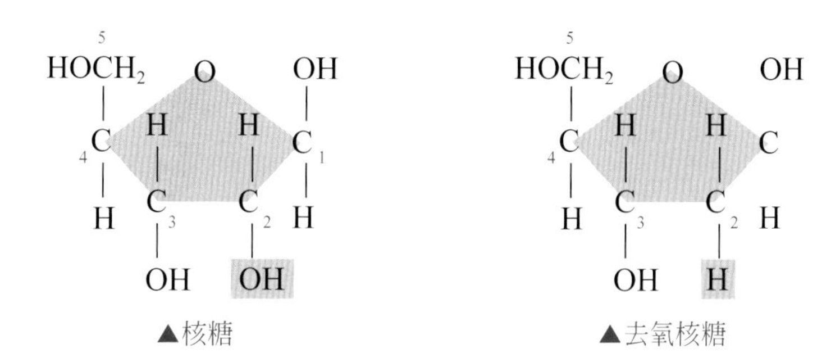

含氮鹼基包括嘌呤（purine，有A、G兩種）、嘧啶（pyrimidine，有T、C、U三種）：

1. DNA存在於細胞核中，負有儲存生物遺傳訊息的任務，它的鹼基分別為A、C、G、T，DNA分子中鹼基的排列順序即為生物遺傳的密碼，不同的物種也由於鹼基序列不同而有差異，結構中含氮鹼基A

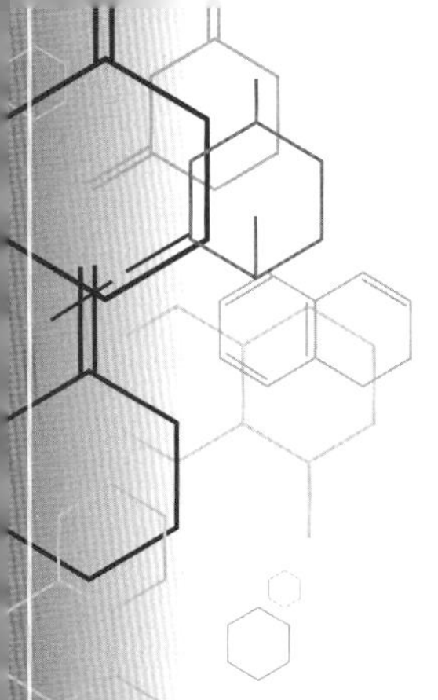

與T間有2個氫鍵，C與G間有3個氫鍵，形成雙股螺旋。

2. RNA的鹼基有四種，分別是A、C、G、U。遺傳訊息本來儲存在DNA上，而RNA是遺傳訊息的中間載體，經過RNA的接棒，再把這個訊息傳下去，製造出蛋白質。含氮鹼基A、U配對與C、G配對，一般爲單股，但在水溶液中有些單股RNA會摺疊成螺旋結構。

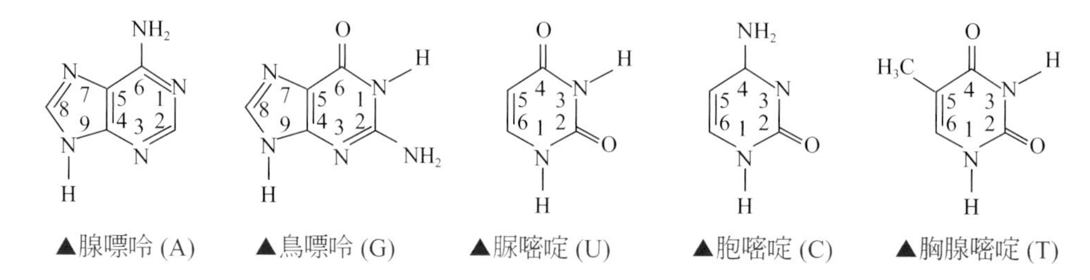

▲腺嘌呤 (A)　▲鳥嘌呤 (G)　▲脲嘧啶 (U)　▲胞嘧啶 (C)　▲胸腺嘧啶 (T)

核苷可以接1個至3個磷酸根，由核苷與磷酸根形成的化合物稱爲核苷酸。

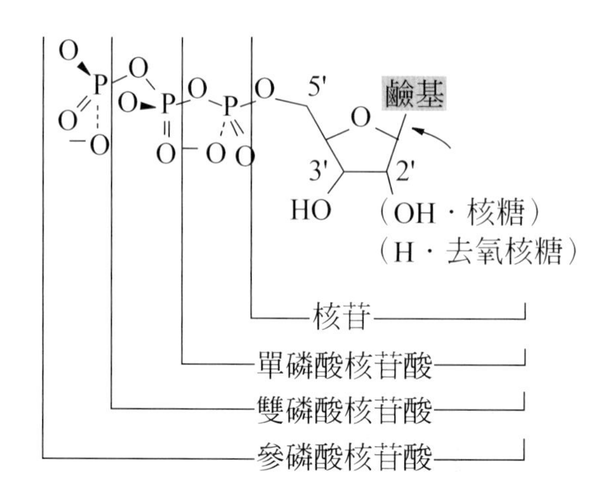

DNA與RNA的比較：

性質＼化合物	DNA	RNA
鍵結	由相鄰的去氧核糖核苷酸以磷酸二酯鍵結合，形成的聚合物	由相鄰的核糖核苷酸以磷酸二酯鍵結合，形成的聚合物
鹼基	腺嘌呤（A）胸腺嘧啶（T）胞嘧啶（C）鳥嘌呤（G）	腺嘌呤（A）脲嘧啶（U）、胞嘧啶（C）鳥嘌呤（G）
結構	雙股螺旋	單股螺旋
功能	存在細胞核內，儲存了生物遺傳密碼	可以轉錄及轉譯遺傳密碼使體內製造蛋白質

範例 4-10

下列有關去氧核糖核酸（DNA）的敘述，哪些選項正確？

(A)結構中含有硫酸根　　(B)結構中糖的成份來自果糖

(C)其聚合方式爲縮合　　(D)以胺基酸爲單體聚合而成

(E)其雙股螺旋結構中具有氫鍵

解析

正確答案為(C)(E)

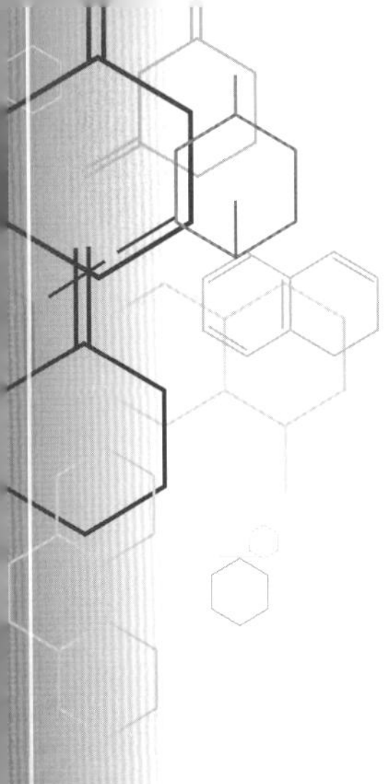

本章學習重點

1. 醣類是由碳、氫、氧三種元素組成，且大多數的醣類其氫、氧組成比例又和水相同，因此又稱碳水化合物。
2. 自然界中的醣類是具有許多羥基的醛類或酮類形成的直鏈形式與閉環形式有機化合物，可分為單醣（mono-saccharides）、雙醣（disaccharide）及由單體所組成的寡醣（oligo-saccharides）和多醣（polysaccharide）。
3. 胺基酸為在分子結構中含有氨基（—NH_2）和羧基（—COOH），並且氨基和羧基都直接連接在同一個-CH-結構上的有機化合物，通式是$H_2NCHRCOOH$，是構成蛋白質的基本單位。
4. 油脂在意義上分為：
   (1) 動物性脂肪：因含較少不飽和脂肪（unsaturated fat），故常溫為固體，稱為脂肪（fat）。
   (2) 植物性脂肪：因含較多不飽和脂肪，常溫為液體，稱為油（oil）。
5. 飽和脂肪：
   (1) 結構中C-C鍵均為單鍵。
   (2) 熔點較高，化性安定，常見於動物性油脂。
6. 不飽和脂肪酸：結構中C-C鍵有單鍵與少許雙鍵。
7. 核酸分為DNA與RNA，核苷酸為核酸單元，而醣類與磷酸藉由酯鍵相連，組成其長鏈骨架。

學習上應注意事項與容易犯下的錯誤

1. 碳水化合物雖名為「水」，但卻不含水。
2. 「醣」泛指所有的碳水化合物，如澱粉、肝醣等，而「糖」是特別指有甜味的醣類，像是葡萄糖、麥芽糖等。
3. 胺基酸互相是憑藉胜肽鍵連接，在生物體中一個胺基酸的羧基（carboxy group），會與下一個胺基酸的胺基（amino group），行脫水縮合，形成一胜肽鍵。這個過程會一直重複，使多胜肽鏈不斷的延伸。最後，多胜肽鏈（polypeptide chain）之第一個胺基酸的胺基和最後一個胺基酸的羧基都會被原封不動地保留著。而形成的連續peptide bond則構成主鏈（main chain），或稱為骨幹（backbone），再由此伸出各種支鏈（side chain）。
4. 蛋白質的胺基酸序列稱為一級結構，而序列的不同區域則形成局部規則的二級結構，例如α-helix或β-strand。三級結構則是由此類結構要素，包裹成一個或多個緊密的球狀單位所形成，這些單位稱為domains。最終的蛋白質可能包含數個多胜肽鏈排列在四級結構中。藉著形成此類三級和四級結構，使原本位在序列上距離很遠的氨基酸，在三度空間中靠攏，以形成有功能的區域（active site）。大多數的蛋白質都自然摺疊為一個特定的三維結構，才會成為有功能的蛋白質。
5. 油脂主要成分是3個脂肪酸分子與1個甘油分子經酯化反應脫去3分子水所產生的三酸甘油「酯」（triglyceride），不是「脂」。
6. 帶有蛋白質編碼的DNA片段稱為「基因」。

編後語　對彼此的懸念

臉書，讓我看見許多學生有趣的動態，也讓我產生許多感動。

學生張X君在某個星期六的即時動態：

「又發燒惹，不過還不錯的是可以逃掉一整天的補習……但是要在晚上之前好起來，晚上理化課不上太可惜惹！」

已經生病了，還惦記著希望能上理化，這已經夠我感動的了，接下來的內容還會讓我噴淚。

（以下取自與國二學生王X蓉的FB訊息對話）

王X蓉：老師我今天沒上到課喇～><

我回：爲何沒來？（好兇，有斥責的口氣。）

王X蓉：腸胃型感冒，吐了兩天，連水都喝不進去。

我回：啊，好可憐，要多保重喔。

王X蓉：嗯嗯，好可惜沒上到課。

……

都已經生病到吃不下東西，還對我的課如此懸念。這是普遍稱作「豆腐族」世代應有的用功表現嗎？現在的學生不都是能逃就逃，最好每天颱風發燒不上課最好嗎？

不只是臉書，平常的相處上，我也感受同學給我的熱力。某國中舉辦校外教學，星期五深夜學生才回到家，但星期六一早是我的理化課，出席率好高，但旋即下午的某主科XX課上課人數就好少。那位任課老師之後向我抱怨現在的孩子很不勤學，學生只是校外教學感覺累就請假不上課。我轉念一想：我的課在上午，XX課在下午，如果學生覺得累不想上課，應該

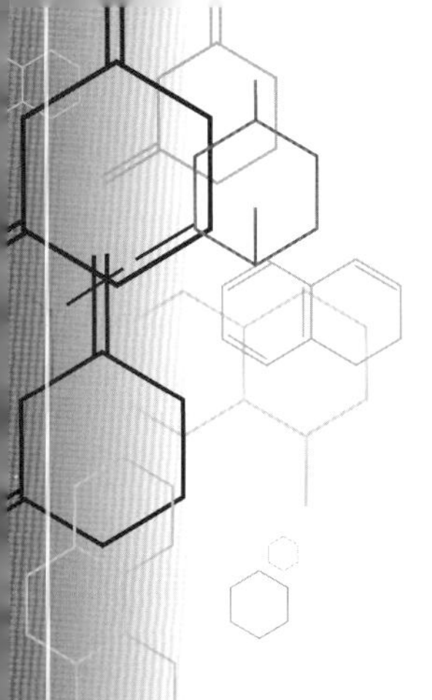

是我早上的理化課請假才對呀？就在這件事件的隔週，我問學生原因，他們異口同聲告訴我：「老師的理化課請假？太浪費了！」

記得有一次，下課之後在補習班外碰到某位家長，她特意攔住我與我打招呼，說到：「我一定要來認識一下大爲老師！我只是今天比較忙，晚一點才能送孩子來上課，但他在車上一路上就一直埋怨我害他遲到，會少學很多東西，一直說是都是我害的。他其他課遲到根本也都無所謂呀，爲何獨獨對理化這麼認真？」我回想了一下，的確，這位學生今天上課眞的遲到，進教室時臉還臭臭的，可是坐定位開始上課之後就展開笑容開心上課。

週末假日在某補習班的建北班上課，下課後見到許多同學收拾書包準備離班，可是接下來還有別的課要上，此時並不是眞正的放學時間呀。我問他們：「等一下不是還有XX課嗎？」

「我們只上有意義、有用還有好老師上的課。」

自這些成績優秀的學生狂妄的語氣中，讓我感覺好有成就感！

高中課程社區化已普遍成爲趨勢，合作多年的某家社區型補習班，有天在國三班下課之後，班主任與我討論高中開班事宜，被某位耳尖的學生聽見，他立刻插話說：「大爲老師要開高中班喔？我要第一個報名！」

我心中笑開了。自己覺得自己越來越老，早就安排退休計畫，但是同學們都需要我，這份對學生的懸念，讓我的退休計畫要何時才能落實呢？

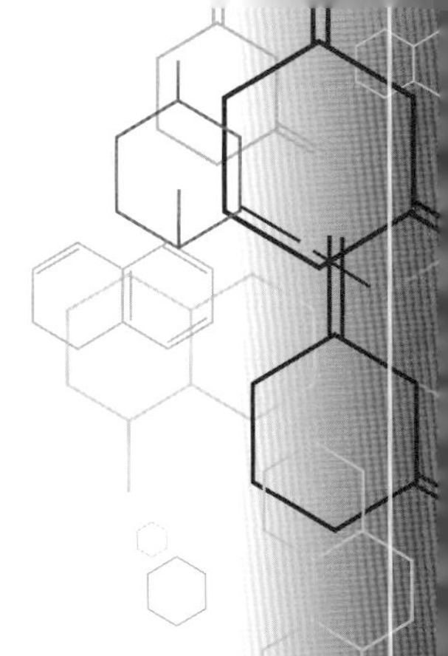

國家圖書館出版品預行編目資料

行動化學館. 5：有機化學／陳大為, 林君薇, 馮優, 蘇傑著. -- 初版. -- 臺北市：五南, 2022.10
面； 公分
ISBN 978-626-343-342-7（平裝）

1.CST: 化學 2.CST: 中等教育

524.36 111014289

ZC34

行動化學館5：有機化學

作　　者— 陳大為（271.8）、林君薇、馮優、蘇傑
發 行 人— 楊榮川
總 經 理— 楊士清
總 編 輯— 楊秀麗
副總編輯— 王正華
助理編輯— 金明芬
封面設計— 姚孝慈
出 版 者— 五南圖書出版股份有限公司
地　　址：106台北市大安區和平東路二段339號4樓
電　　話：(02)2705-5066　　傳　　真：(02)2706-6100
網　　址：https://www.wunan.com.tw
電子郵件：wunan@wunan.com.tw
劃撥帳號：01068953
戶　　名：五南圖書出版股份有限公司
法律顧問　林勝安律師事務所　林勝安律師
出版日期　2022年10月初版一刷
定　　價　新臺幣300元

經典永恆・名著常在

五十週年的獻禮——經典名著文庫

五南，五十年了，半個世紀，人生旅程的一大半，走過來了。
思索著，邁向百年的未來歷程，能為知識界、文化學術界作些什麼？
在速食文化的生態下，有什麼值得讓人雋永品味的？

歷代經典・當今名著，經過時間的洗禮，千錘百鍊，流傳至今，光芒耀人；
不僅使我們能領悟前人的智慧，同時也增深加廣我們思考的深度與視野。
我們決心投入巨資，有計畫的系統梳選，成立「經典名著文庫」，
希望收入古今中外思想性的、充滿睿智與獨見的經典、名著。
這是一項理想性的、永續性的巨大出版工程。
不在意讀者的眾寡，只考慮它的學術價值，力求完整展現先哲思想的軌跡；
為知識界開啟一片智慧之窗，營造一座百花綻放的世界文明公園，
任君遨遊、取菁吸蜜、嘉惠學子！